알쏭달쏭 러시아인

알쏭달쏭 러시아인

러시아 비즈니스, 이것만은 알고 가자!

안나 빠블롭스까야 지음
방교영, 이상원, 이경아, 김경준 옮김

뿌쉬낀하우스

 일러두기

* 러시아어 고유명사의 표기에 있어 표준 러시아어의 원 발음에 최대한 가깝게 표기하는 것을 원칙으로 하되, 한국어 어문 규정의 외래어 표기법과 원 단어의 철자를 유추할 수 있는 표기법을 절충하여 적는다. 기본적인 규칙은 다음과 같다.

   1) 원 발음에 충실하여 경음의 사용을 원칙으로 한다.
      예 : Москва(Moskva) 모스끄바
   2) 모음의 경우 강세에 따른 발음 변화는 표기하지 않는다.
      예 : Москва(Moskva) 모스끄바 (원 발음은 '마스끄바')
   3) 표준국어대사전에 등재되어 관용적으로 사용되는 지명 및 인명 가운데 일부는 등재된 표기에 준한다.
      예 : Крым(Krym) 크림반도 (원어: '끄림'), Сибирь(Sibir') 시베리아 (원어: '씨비리')
   4) 구개음화가 일어나는 경우 원 발음에 준한다.
      예 : Петербург(Peterburg) 뻬쩨르부르그, Володя(Volodja) 볼로쟈
   5) 연음화가 일어나지 않는 고유명사 및 외래어는 원 발음에 준한다.
      예 : Пастернак(Pasternak) 빠스떼르낙(시인의 이름), интернет(internet) 인떼르네뜨
   6) 모음 ы는 국어의 '의'와는 달리 항상 자음 뒤에 사용되어 대부분의 경우 국어에서 쓰지 않는 표기 조합을 만들어내므로 모두 '으이'로 풀어 쓴다.
      예 : Солженицын(Solzhenitsyn) 솔줴니쯔인(작가의 이름, 원 발음은 '솔줴니쯴')

   알파벳별 구체적인 표기법은 출판사 홈페이지(www.pushkinhouse.co.kr)를 참조하세요.

* 본 도서의 번역은 러시아에서 출간된 『Как иметь дело с русскими』(2008, 모스끄바)를 대본으로 하였다.

차례

머리말 · 08

1. 광활한 러시아
다양성과 통일성이 함께하는 곳 · 15
끝없이 펼쳐진 땅 · 20
러시아의 심장, 모스끄바 · 23
현금을 준비해야 하는 나라 · 27

2. 러시아 사람들
러시아라는 수수께끼 · 34
바보 이반 · 39
뿌리 깊은 형제애 · 42
법과 규칙에 대한 융통성 · 48
솔직하게 자신을 드러내는 러시아인 · 50
종교와 믿음 · 54

돈으로는 행복을 살 수 없다	· 58
자유로운 시간관념	· 64
글보다 말	· 66
보드까	· 68

3. 러시아 사회

러시아 사회의 상하 관계	· 75
남성과 여성	· 77
이유 없는 웃음은 바보의 특징	· 82
외국인을 보는 눈	· 84
러시아어	· 88
러시아 사람들의 외국어	· 93

4. 러시아 관광

교통편	· 99
호텔	· 103
모스끄바의 택시와 렌터카	· 111
모스끄바에서 주의해야 하는 몇 가지	· 114
모스끄바에서 들러야 할 곳들	· 118
모스끄바에서 사야 할 것	· 121
모스끄바의 관광지 소개	· 125

5. 러시아 비즈니스 에티켓

비즈니스맨의 유형	· 137

사전 준비하기 · 144
비즈니스 출장에 맞는 계절 · 148
비즈니스 미팅의 시간과 장소 · 151
비즈니스 미팅의 몇 가지 규칙 · 154
비즈니스 파트너를 위한 선물 · 159

6. 러시아 비즈니스

러시아식 비즈니스의 특징 · 166
비즈니스 파트너와의 관계 · 170
사기를 당하지 않으려면
        이것만은 알아 두자! · 172
다시 한번 당부하는 말 · 176

7. 러시아인들의 손님맞이

손님에게는 음식을 대접해야 · 183
점심 초대 · 188
러시아식 식사의 특성 · 191
건배! · 195
술자리 대화는 진솔하게 · 199
독특한 경험으로의 초대 · 202
식당으로 가는 경우 vs.
        집으로 가는 경우 · 205

맺음말 · 213
옮긴이의 말 · 216

머리말

안내서 쓰기는 어렵다. 비즈니스맨을 위한 안내서 쓰기는 더욱 어렵다. 러시아를 찾는 비즈니스맨을 위한 안내서를 쓰기란 불가능에 가깝다고 하겠다. 안내서 쓰는 일은 어렵고 힘들지만 '고귀한' 일임에는 틀림이 없다. 독자들이 궁금해하는 나라의 역사와 문화, 각종 전통, 기질, 풍속, 관광 명소를 간단명료하게 소개하고 그 나라에서 나타나는 삶의 모습을 아우르는 실질적인 정보를 전달하기 때문이다. 안내서의 내용은 정확하고 구체적이어야 한다. 미지의 세계로 발을 내딛는 여행자에게 자신감을 심어 주어야 한다. 안내서는 그 세계의 나침반이 되어야 한다. 그런데 그 세계가 러시아인 경우 이 작업은 극도로 까다로워진다. 이 나라의 삶이 급속도로 바뀌는 탓이다. 그래서 기껏 만든 안내서가 인쇄도 하기 전에 구식이

되고 만다. 그런 안내서로 길을 찾는 것은 쇠가 잔뜩 묻힌 땅 위에서 나침반으로 길을 찾는 것과 마찬가지이다.

이런 러시아에서 아주 천천히 변하는 것, 아니 좀처럼 변하지 않으려는 것이 하나 있다. 바로 사람이다. 그러므로 러시아 사람, 그들의 특징, 습관, 경향, 행동과 의사소통 방식이라면 지금이라도 써볼 만하다. 러시아에 오는 비즈니스맨이 반드시 기억해 둬야 할 첫 번째 원칙은 "사람이 해답이다."라는 것이다. 1934년 소련 공산당 중앙위원회 총서기 이오시프 스딸린이 전당대회에서 내세운 후 러시아 방방곡곡으로 퍼져 나간 슬로건이다. 러시아에서 일을 이끌어본 사람이라면 누구나 그 의미를 실감할 수 있다. 도저히 해결될 기미가 보이지 않던 일이 누군가의 열성 덕분에 해결되기도 하고, 도저히 잘못될 리 없어 보이던 일이 누군가 심드렁한 탓에 틀어지기도 한다. 딱 맞는 사람만 찾으면 뭐든 해결할 수 있다. 일은 저절로 술술 굴러가 해결된다. 러시아에서 비즈니스를 할 때도 마찬가지다. 적당한 사람, 즉 당신과 함께 일하고픈 바람을 가진 사람만 찾으면 더 걱정할 필요가 없다.

서구인들은 러시아의 업무 스타일과 비즈니스 방식을 쉽게 이해하지 못한다. 당연한 일이다. 러시아인도 서구인들을 이해하기 어렵기는 마찬가지이다. 언젠가 한 러시아 잡지가 모스끄바의 기업체 대표들을 대상으로 설문 조사를 실시하면서 "귀하는 외국인 전문가를 기용할 의사가 있습니까?"라는 질문을 던졌다. 답변은 대부분 부정적이었다. 러시아 비즈니스맨들은 '그렇게 번거로운 일을 일부러 나서서 할' 필요는 없다고 여기는 것이다. 문제가 되는 것은 때로 정반대의 시각까지 불러오는 문화적 차이다.

하지만 러시아 기업에서 아주 탁월하게 일하고 있는 외국인 전문가들도 많다. 어떻게 그럴 수 있을까? 여기서 두 번째 원칙이 나온다. 게임의 규칙은 복잡하며 그것이 러시아에서는 아주 자연스럽다는 원칙이다. 러시아라는 토양에 외국의 비즈니스 스타일과 규정을 완전하게 이식하는 것은 불가능하다. 이를 이해하고 타협해야 한다. 그렇다고 안내서를 다 읽은 후 러시아 사람처럼 행동하려고 애쓸 필요는 없다. 러시아인은 당신에게 '외국인'의 태도를 기대할 뿐이기 때문이다. 그러니 평소대로 행동하면 된다. 그저 러시아의 삶 전반에 대한 전체적인 그림을 간직한 후 상식에 따라 행동하도록 하라. 그러면 불필요하게 모욕감을 느끼거나 누군가를 모욕하는 사태가 벌어지지 않을 것이다.

마지막으로 세 번째 원칙을 소개하겠다. 러시아에서는 앞으로의 상황을 예상하기 어렵다. 삶 자체가 너무 급속도로 바뀌고 있기 때문이다. 가장 중요한 것은 인적 네트워크이다. 서구 문화권에서는 사안에 따라 찾아가야 할 사람이 달라지지만 러시아에서는 한 사람이 모든 문제를 해결한다. 평소 반갑게 인사를 나누는 사이였던 이웃집 아주머니나 동업자의 아내, 아파트 관리인, 호텔 벨보이, 동네 할머니가 급히 필요한 물건을 구하는 일부터 돈을 빌리는 것까지 모든 문제를 해결해 준다. 페미니스트라면 러시아에서 가장 효과적이고 유용한 해결책을 주로 여자들이 내놓는다는 점을 자랑스러워해도 좋다. 특히 생활에 관한 문제라면 여자를 찾으라. 러시아 민담에 등장하는 여주인공처럼 현대의 여성들도 마법 지팡이를 들고 꼬이고 꼬인 상황을 한 순간에 풀어줄 것이다.

모스끄바행을 겁내지 마라. 설령 사업이 잘 풀리지 않더라도, 위기와 몰락의 순간에노 위대했던 아름다운 나라를 만날 수 있으니. 러시아를 찾는 외국인들 중에는 또다시 이곳을 찾는 사람들이 많다. 다른 나라에서는 결코 만날 수 없는 무엇을 찾았기 때문이다. 러시아는 광활한 나라이다. 그러므로 비즈니스의 성공은 그 어디서도 찾아볼 수 없는 엄청난 기회를 제공해줄 것이다. 뻬레스뜨로이까가 한창 진행될 무렵 코카콜라의 모스끄바 지사장이 미국으로 돌아가고 싶지 않느냐는 기자의 질문에 전혀 아니라고 답한 것도 어쩌면 당연하다. 러시아에서의 삶은 세계 그 어느 곳에서도 맛볼 수 없는 재미를 선사할 것이다. 매일매일이 도전의 연속일 정도로.

안나 빠블롭스까야

Chapter 1
광활한 러시아

다양성과 통일성이 함께하는 곳

세계 지도를 보면 러시아는 옆으로 길게 뻗어 있다. 한쪽 끝은 유럽에, 반대쪽 끝은 아시아에 걸쳐 있다. 유럽 쪽 면적은 전체 면적에 비해 미미하다. 반면 아시아 쪽 영토에는 인구가 극히 희박하다. 영토가 상당히 줄어들었다고는 하지만 지금도 러시아는 세계에서 가장 넓은 나라이다. 러시아의 인구는 2002년 조사에 따르면 1억 5,000만 명에 조금 못 미친다.

러시아는 무려 9개의 시간대가 있다. 그래서 깔리닌그라드의 시민들이 오후 1시에 점심을 먹을 무렵 뻬뜨로빠블롭스끄-깜차뜨까의 주민들은 대부분 잠을 자고 있다. 북극의 툰드라에서 카스피해 연안의 사막까지 기후대도 무척 다양하다. 러시아에서 볼 수 있는 지리적 다양성을 설명하자면 책 한 권도 부족할 정도이다. 끝없이 펼쳐진 대평원이 있는가 하면 고산준봉들이 우뚝 솟고, 사람이 뚫고 들어갈 수 없는 타이가가 있는가 하면 웅장한 초원 지대도 있다. 이러다 보니 지역별로 인구밀도가 들쭉날쭉하다. 러시아 인구는 대부분 도시에 집중되어 있다. 도시에 살지 않던 사람들도 도시 근교로 계속 옮겨가는 실정이다. 그래서 광활한 영토의 여러 부분이 여전히 무인지대로 남아 있다.

러시아는 지리적 환경이 이렇게 다양하지만 문화적으로는 단일성을 유지하고 있다. 뻬쩨르부르그에서 비행기를 타서 아홉 시간을 비행해 보라. 아니면 모스끄바에서 시베리아횡단열차를 타고 일주일 동안 기차로 달려보라. 길도 없는 오지를 며칠씩 자동차로 여행을 하면 어떨까? 어딜 얼마나 가든 마주치는 모습은 놀랄 정도로 비슷하다. 바로 러시아라는 세상이다. 산과 바다가 지나가면 어느새 우람한 삼나무 숲이 펼쳐지고 호리호리한 자작나무숲이 맞이하는 식으로 눈에 들어오는 풍경은 계속 바뀌겠지만 사람들은 똑같다. 삶의 수준도, 풍습이나 전통도 똑같다.

모스끄바 근교의 소도시와 수천 킬로미터 떨어진 시베리아의 소도시를 비교해 보라. 두 곳을 구별하기란 쉽지 않다. 중앙 광장에 자리 잡은 가게에서는 똑같은 물건들을 판다. 맞은편 교회에서 예배가 진행되는 모습도 흡사하다. 좌판을 벌인 아낙네들은 해바라기 씨를 우물거리며 똑같은 표정으로 행인들을 바라본다.

러시아의 문화적 다양성은 인종적인 특성을 유지하고 있는 일부 소수민족에게서 찾아볼 수 있다. 하지만 축치족과 에벤끼족, 하까스족 등의 소수민족도 러시아화의 흐름에서 비켜날 수 없었다. 그 결과 소수민족의 전통은 신앙이나 다채로운 전통 의상 등에만 약간 남아 있을 뿐이다.

놀랍게도 러시아에는 지역 간 반목이 두드러지지 않는다. 이탈리아나 노르웨이처럼 남북 갈등도 없고, 독일처럼 동서 갈등도 없다. 도시와 농촌, 중앙과 지방 사이에 존재하는 갈등은 지리적 요소와는 관계가 없으며 지역마다 동일하다.

그렇다고 러시아를 구성하는 행정 단위들이 아무런 특징이 없다는 뜻은 아니다. (현재 러시아를 구성하는 지역은 모두 여든아홉 개이다) 지역마다 독특한 자연과 기후 조건, 지하자원이 있다. 우호적인 관계를 유지하는 이웃 지역도 다 다르며 우선적인 관심사도 각각이다. 하지만 지역마다 서로 다른 정치적 이상을 꿈꾸지는 않는다. 그랬다면 여러 지역이 독립을 유지하려 했을 것이다. 설사 그랬다고 해도 문화와 풍습, 사람들의 견해, 삶과 세상을 바라보는 태도, 전통에서는 여전히 단일성이 존재했으리라.

러시아의 통일성과 단일성은 오래된 전통이다. 이 전통은 사실 소련의 체제보다 더 뿌리가 깊다. 그러므로 그 전통이 소련에서 만들어졌다는 주장은 옳지 않다. 오히려 소련 정부가 적극적으로 폐지하려 시도했던 옛 전통을 결국 받아들인 셈이다.

단일화는 러시아인들의 이주가 진행되면서 자연스럽고 당연하게 진행되었다. 러시아인들은 고향에서 멀리 떨어진 곳에 정착한 후에도 생활 풍습을 소중히 보존하고 후손에게 물려주었다. 국가는 이러한 전통이 지속되도록 지원을 아끼지 않았다.

다채로운 지리적 특성을 지닌 러시아가 문화적으로 단일한 것은 오랜 세월에 걸친 역사적 결과일 뿐이다. 이 단일성은 러시아 민족이 남쪽과 북쪽, 동쪽으로 서서히 영토를 넓혀가면서 함께 진행되었으며 러시아가 단일한 국가를 유지할 수 있는 중요한 특성으로 자리매김을 했다.

끝없이 펼쳐진 땅

러시아를 처음 접했을 때 무엇이 가장 먼저 눈에 들어오는가? 아마 끝도 없이 이어진 광활한 러시아의 영토일 것이다. 모스끄바나 상뜨뻬쩨르부르그에만 머문다면 이 말이 실감나지 않을지도 모른다. 러시아를 여행하다 보면 감탄을 금할 길이 없다. 인구가 대부분 도시에 집중되어 있으므로 광야 한가운데에서 길을 잃은 듯 막막한 느낌을 주는 지역이 아직도 많다.

외국인들이 러시아의 광활한 영토를 보며 놀라는 이유는 또

있다. 그렇게 넓은 땅덩어리를 어디든 자유롭게 다닐 수 있기 때문이다. 여러 지역을 걸어 다니고 텐트를 칠 때에도 허락을 구할 필요가 없다. 눈에 들어오는 풍경이 너무나 음울한 것도 보는 이의 놀라움을 자아낸다. 러시아의 농촌은 아직도 형편이 좋지 못해서 들판이며 삼림이 돌보는 사람 없이 그대로 버려진 곳이 허다하다.

러시아 친구들과 자전거로 모스끄바에서 상뜨뻬쩨르부르그까지 여행을 한 미국인이 있었다. 그 사람은 여행을 하면서 러시아의 시골 풍경을 보고 이렇게 부르짖었다. "우리가 지금껏 경쟁해온 초강대국이 이런 나라였단 말인가!" 러시아 농촌에서는 삶이 예나 지금이나 비슷한 모습이다. 우물에서 물을 긷고 땔감으로 불을 지피고 길가의 자그마한 옥외 변소에서 볼일을 본다. 가게에서는 기본적인 생필품만 구할 수 있다. 수도에서 고작 수십 킬로미터 떨어진 곳의 상황이 이러하다.

그 자전거 여행객에게 해주고 싶은 말이 있다. 러시아 사람들은 물질적 풍요가 아니라 정신적 풍요를 더 소중하게 여긴다. 1812년 나폴레옹은 러시아 농촌의 남루한 겉모습에 속아 러시아를 정복할 수 있을 것이라고 착각을 했다. 1941년에는 히틀러가 나폴레옹의 전철을 밟았다. 똘스또이는 장편소설 『전쟁과 평화』에서 "민중의

몽둥이가 프랑스 군대를 괴멸시켰다."라고 썼다. 그러니 겉모습만으로 판단해서는 곤란하다.

러시아의 심장, 모스끄바

　러시아의 옛 수도이자 소련의 수도였으며 현재 독립국가연합(CIS)의 수도인 곳이 바로 모스끄바다. 모스끄바는 예로부터 러시아의 심장이라고 불려 왔는데 더할 나위 없이 정확한 표현이다. 모스끄바가 없다면 러시아는 정상적으로 기능할 수 없을 것이기 때문이다. 수수께끼 같은 러시아의 정신은 바로 이곳, 모스끄바에 집중되어 있다.

　모스끄바 시내는 방사상으로 뻗어 가는 구조이다. 해마다 나이테가 하나씩 늘어나는 나무처럼 모스끄바도 세기가 바뀔 때마다 사방으로 뻗은 도로와 교차하는 원형도로가 늘어났다. 그 결과 모

스끄바에는 지금까지 불바르 순환도로(Bul'varnoje kol'tso)와 사도보예 순환도로(Sadovoje kol'tso), 외곽 순환도로 등이 만들어졌다. 모스끄바 상공에서 도시를 내려다보면 거미줄이 떠오를 것이다.

  모스끄바는 사회적인 계층이 뚜렷이 구분되는 도시다. 과거에는 귀족, 상인, 대학생들의 거주 지역이 구분되어 있었다. 지금은 부촌과 그렇지 않은 지역, 즉 '베드 타운'이 나뉜다. 부촌이라고 부를 수 있는 지역은 대부분 도시의 중심부와 서남부에 있다. '베드 타운' 지역은 대규모 주택지이다. 이런 지역은 어딜 가나 비슷하게 생겼다. 사회 기반 시설이 비교적 구축되었다고는 하지만 환경이 열악하고 인구가 밀집된 곳이 대부분이다. 그런가 하면 심하게 노후한 지역들도 무척 많다. 개중에는 체레무쉬까(rajon Cheremushki)처럼 완전히 재건축된 곳도 있다. 흐루쇼프 시절 집이 없어 쩔쩔매는 사람들에게 아파트를 공급하기 위해 아주 짧은 기간에 주택단지로 조성된 이 지역은 세월이 흐르면서 흉물스러운 주거 공간의 상징이 되었다가 결국 철거되었다.

모스끄바는 러시아에서 가장 넓은 도시이다. 1960년에 건설된 외곽 순환도로는 총 길이가 109킬로미터인데, 이 도로가 둘러싼 시내 면적은 900평방킬로미터에 달한다. 하지만 모스끄바는 그 후로도 계속 확대되어 현재는 200평방킬로미터가 더 늘어났다.

모스끄바의 현재 인구는 공식 자료에 따르면 약 950만 명이다. 그러나 이 수치는 늘 변한다. 언제나 각지에서 사람들이 몰려들기 때문이다. 사람들은 높은 문화 수준과 교육 환경을 따라 모스끄바로 모여든다. 경제 위기 시절에도 모스끄바만큼은 물건이 잘 공급되었다. 역사를 통틀어 모스끄바는 농촌만 아니라 여러 지방도시에 비해서도 생활 여건이 훨씬 더 좋았다. 그러나 과거의 소련 공화국들과 러시아의 여러 지역에서 민족 분쟁이 첨예화되면서 사람들이 모스끄바로 몰려드는 상황은 재앙이라 부르기에 무색하지 않다. 그리하여 모스끄바의 실제 인구가 공식 자료보다 2배 이상일 것이라고 과감하게 주장하는 전문가도 있다. 그렇게까지는 안 된다 해도 거주 등록을 하지 않은 채 시내에 사는 인구가 최소 100~200만 명은 될 것으로 추산된다. 이런 상황은 모스끄바의 인구과잉 문제를 더욱 악화시키고 있다. 살 집이 모자라고, 값싼 노동력이 넘쳐나고 재화와 용역의 공급 문제가 더 악화된 것이다. 게다가 삶의 터전을 버리고 몰려든 다양한 민족 출신 사람들은 생계마저 막막해 심각한 범죄에 말려들기도 한다.

공식적인 자료에 따르면 모스끄바 주민의 약 90퍼센트는 러시아인이다. 그 뒤를 우끄라이나인과 유대인, 동양계인 따따르인이 뒤따르고 있다. 이 통계치 또한 상대적인데, 모스끄바에 거주등록을 하지 않은 사람들과 소련 시절에 특히 많았던 민족 간 혼혈인의 수도 고려해야 하기 때문이다. 겉으로는 '전형적인' 모스끄바 사람이지만 할머니는 우끄라이나인이고 할아버지는 유대인일지도 모른다. "러시아인을 긁으면 따따르인이 나온다."라는 말이 있을 정도이다. 모스끄바 시민의 대다수는 러시아어를 주로 사용한다. 러시아어는 아르메니아, 그루지야, 따따르 등 타 지역 출신들에게도 모국어인 경우가 많다.

현금을 준비해야 하는 나라

돈에 대해서 꼭 알아 두어야 할 사항들을 짚고 넘어가자. 한때 러시아 대도시 상점에서 신용카드를 쓰면 선망의 눈길을 받았다. 지금은 신용카드에 이미 익숙한 사람들이 많다. 그러나 대도시를 벗어나면 신용카드를 사용할 만한 곳을 찾기 힘들다. 심지어 모스끄바에서도 신용카드 결제 시스템이 종종 말썽을 일으키곤 한다. 그러므로 러시아를 방문할 때는 만일을 대비해 현금을 어느 정도 준비해 두는 것이 좋다.

러시아에서 가장 많이 쓰이는 화폐는 단연 미국 달러화이다. 그 뒤를 유로화가 잇고 있다. 영국의 파운드화 같은 화폐는 환전소에서 잘 취급하지 않아 환전하기가 까다롭다. 달러화는 깨끗하고 구겨진 곳이 없는 새 화폐를 써야 한다. 이왕이면 은행에서 금방 나온 새 돈이 가장 좋다. 혹시라도 곤란한 일을 당할지 모르기 때문이다.

한 사람이 달러화를 환전하러 갔다. 은행 직원이 10달러 지폐를 돋보기로 살펴보고, 지우개로 문질러 보고, 손톱으로 긁어 보고, 빛에 비춰 보고, 특수 전자기계에 통과시킨 후 마침내 제작상 결함이 있다며 받아줄 수 없다고 했다. 깜짝 놀란 그 사람이 물었다. "위조지폐인가요?" 은행 직원은 딱 잘라 대답했다. "아닙니다. 하지만 우리 은행은 그 돈을 받을 수 없습니다. 왜냐하면 미국 조폐국이 저지른 실수니까요."

러시아의 은행 체계는 여전히 서구의 은행과 원칙적으로 다르다.

특히 개인 금융 업무에서 큰 차이를 보인다. 러시아인에게 돈이란 예나 지금이나 '현금'을 의미한다. 개인이 은행에 만드는 계좌는 대개 현금을 보관하는 장소일 뿐이다.

러시아는 물가가 무척 불안정하다. 대체로 물가는 비싼 편이며 외국인이 느끼는 체감 물가는 더욱 높다. 모스끄바가 유럽 국가 수도 가운데에서도 물가가 가장 비싼 곳이라는 말까지 있다. 그런데 국내에서 생산된 일부 제품은 여전히 옛날 가격으로 판매되고 있다. 그 가격을 달러화로 계산해 보면 몇 푼 되지 않는다.

러시아에서 홈스테이를 한다면 숙박비에 수도 요금과 난방비가 포함된다는 점을 기억하라. 사용량은 따로 계산하지 않는다. 가스비와 시내전화 요금도 마찬가지이다. 단, 전기료와 시외전화 및 국제전화 요금은 따로 계산한다.

모스끄바가 러시아의 심장이라면, 상뜨뻬쩨르부르그는 러시아의 머리이다. 러시아 제2의 도시인 뻬쩨르부르그는 지금도 러시아의 두 번째 수도로 불리고 있다. 실제로도 이곳은 1712년부터 1918년까지 러시아의 수도였다. 러시아에서 가장 큰 두 도시, 모스끄바와 뻬쩨르부르그는 지방 중소 도시들과 확연히 대비된다. 러시아는 예로부터 국가권력과 경제를 중앙에 집중하는 정책을 취했다.

그 결과 경제와 문화, 사상 등 모든 것이 수도에 집중되고 말았다. 중앙의 도시들은 경제적 수준도 여타 지역에 비해 훨씬 높지만 전반적인 교육 수준과 의식 수준 또한 높다. 게다가 중앙의 대도시들

은 코스모폴리탄적인 분위기가 강한 반면 지방은 민족의 뿌리와 전통을 강조하는 분위기가 더 강하게 자리잡고 있다. 이제부터 이 책을 통해 설명할 다양한 특징들은 모스끄바나 뻬쩨르부르그 같은 대도시를 가든 지방을 가든 어디서나 관찰할 수 있다. 다만 지방에서 한층 더 또렷하고 확실하게 드러날 것이다.

Chapter 2 러시아 사람들

　　수수께끼 같은 러시아 사람들의 마음속을 여행하려면 우선 긴장을 풀어라. 외국을 여행할 때 분위기가 얼마나 중요한지는 잘 알고 있을 것이다. 잔뜩 긴장하고 경직된 분위기로 여행을 하면 언제 불행한 사고가 터질지 모른다고 생각하게 된다. 나쁜 일이 반드시 생길 것이라고 철석같이 믿어 버리기도 한다. 하지만 미지의 세상에 대해 미리부터 겁을 먹지만 않는다면 모든 일이 잘 풀릴 것이다. 아무런 불상사나 사고도 일어나지 않을 것이다. 물론 낯선 문화로 인해 기분이 상하는 일도 없을 것이다.

러시아라는 수수께끼

러시아에서 삶은 늘 고단했다. 기후조건과 지리적 위치, 정치적 발전 과정 등으로 인해 러시아 역사를 통틀어 평온했던 적이 거의 없을 정도이다. 혹한이나 가뭄으로 자주 흉년이 들었고 사람들은 배를 곯아야 했다. 동쪽에서는 몽고인들이, 서쪽에서는 나치 독일이 침략해 국토를 파괴하고 살육을 자행했다. 온 나라를 뒤덮은 혁명의 물결로 사회는 붕괴되었다. 러시아의 내전을 다룬 '차빠예프(Чапаев, Chapaev)'라는 오래된 러시아 영화가 있다. 이 영화에는 한 농부가 음울하게 말하는 장면이 나온다. "백군이 와서 우리를 약탈해

갔어. 적군이 와서 또 우리를 약탈해 갔지. 우리 농민들은 어디로 가란 말이야?"

외부의 관찰자들이 이 고단한 삶을 이해하기는 쉽지 않다. 아니, 러시아는 외국인들의 시선이나 사고방식의 틀로는 절대 이해할 수 없는 나라이다. 러시아는 상반되는 것 투성이다. 야만적인 모습이 있는가 하면 수준 높은 문화도 있다. 강한 정부에 고분고분하지만 다른 한편으로는 혁명의 기운이 들끓는다. 민중의 가난과 귀족 및 성직자들의 부가 공존한다. 모순으로 가득 친 이 모습은 수수께끼 같은 러시아 정신으로밖에 설명할 길이 없다. 이 수수께끼를 풀 길이 없다는 사실에 화내는 이도, 반색하는 이도 있지만 무심히 두고 보는 사람은 별로 없다.

시작점을 알 수 없을 만큼 오랫동안 비밀의 장막 뒤에 감춰져 있던 러시아는 도무지 쉽게 이해할 수가 없다. 영국의 윈스턴 처칠은 이런 러시아를 '비밀에 싸인 수수께끼'라고 불렀는데 이 표현이 순식간에 유명해졌다. 러시아에 대한 사람들의 생각을 잘 대변했기 때문이다.

철의 장막이 무너지고 러시아의 문호가 개방되었다. 사람들이 들고 나기 시작했다. 러시아의 실체를 접한 사람들의 첫 번째 반응은 '놀라움'이었다. 러시아인들도 역시 사람이었던 것이다. 그네들도 팔다리가 두 개씩이고 머리는 하나였다. 자식을 사랑하고 노인을 공경했으며 슬플 때면 눈물을 흘리고 기쁠 때면 큰 소리로 웃었다. 그 다음으로 보인 반응은 '의심'이었다. 정말 비슷한 것일까? 그도 그럴 것이 서구인에게는 익숙한 개념들, 가령 민주주의나 시장경제, 심지어 자유까지 러시아에서는 완전히 다른 의미로 이해되고 있었기 때문이다. 러시아 사람들이 울고 웃는 이유가 가끔은 도무지 납득이 가지 않았다. 그러다 보니 새로운 러시아를 접한 사람들은 이 나라는 도무지 오리무중이라는 인식을 한층 더 굳히게 되었다.

하지만 여기에는 어떠한 수수께끼도 없다. 이렇게 단언하면 오히려 실망할 사람들도 있을지 모르지만 말이다. 단지 주어진 지리와 기후적 환경에 적응하며 나름의 사회, 정치적 전통에 따라 역사를 일구어온 나라와 민족이 있을 뿐이다. 익숙한 선입견과 고정관념을 탈피하고 그 뒤에 숨은 진짜 모습을 이해하려고 노력하는 수밖에 없다. 러시아 사람들이라고 무조건 나쁘거나 좋지는 않다. 어디나 그렇듯 좋은 이도 있고, 나쁜 이도 있다. 다른 민족을 이해하려면 어떤 특징을 지녔든, 그 풍습과 기이한 모습까지도 모두 받아들여야 한다. 열린 마음으로 러시아를 보면 여행은 어느새 즐거운 경험으로 바뀔 것이다.

  예로부터 이 세상에는 러시아를 바라보는 상반된 두 가지 시선이 존재했다. 그중 하나가 불신을 넘어 불쾌감으로 이어지는 인식이다. 몇 세대에 걸쳐 세계는 (소비에트) 러시아가 위협적인 존재라고 두려워했다. 어린 시절부터 이 보이지 않는 적을 두려워하도록 배웠다. 이제 그런 위협은 사라졌다. 그러자 러시아는 서구 세계에게 독특한 위안을 주는 존재로 변모했다. 다른 나라보다 좋은 점이 아무 것도 없는 나라 말이다. 당신이 조국에 불만이 많다면, 정부의 정책이나 경제 상황이 마음에 들지 않으면, 러시아를 떠올리면 된다. 기분이 한결 좋아질 테니까.

이와 다른 관점도 있다. 어떤 사람들은 러시아의 삶과 문화, 독특한 정신문화, 사람들의 사는 모습에 매료되었다고 말한다. 이상하게 들릴지 모르겠지만 러시아에 대한 증오와 사랑은 같은 결과를 이끌어 낸다. 그 결과의 첫 번째는 호기심이고 두 번째는 주관적 견해이다. 러시아를 악의 화신으로 보는 사람도, 러시아의 독특한 정신세계를 흠모하는 사람도 결국은 러시아를 장점과 단점을 모두 가진 있는 그대로의 모습으로 보지 못한다.

바보 이반

　러시아의 기질은 러시아가 지나온 시간과 공간 속에서 형성되었다. 흘러간 시간과 지리적 상황은 러시아에 쉽게 지울 수 없는 흔적을 남겼다. 따라서 러시아의 역사를 알면 많은 것을 이해하고 수긍할 수 있다. 러시아 사람들은 끊임없는 군사적 위협 속에서 애국심을 키웠고 강력한 중앙 집중 국가를 추구했다. 혹독한 기후 때문에 사람들은 늘 함께 일하고 살아야 했다. 끝이 보이지 않는 넓은 영토에서 살다 보니 시공간 감각도 다른 나라와는 다르게 형성되었다. 이런 독특한 상황과 조건이 한데 모여 러시아만의 법칙과 특징

이 생겨났다.

 러시아에서 전해 내려오는 설화들을 보면 러시아의 세계관, 선과 악의 개념, 도덕적 가치 등 많은 것을 이해할 수 있다. 러시아 사람들이 가장 좋아하는 옛날 이야기의 주인공은 바보 이반이다. 무엇 하나 특별한 구석이라고는 없는 데다가 멍청하고 바보 같은 짓만 하는 청년이다. 부도 명예도 관심이 없지만 이야기가 끝날 무렵에는 아름다운 공주를 얻는다. 가끔은 왕이 되면서 끝이 나는 설화도 전해진다. 반면 바보 이반의 영리하고 현실적인 형들은 결국 바보

짓을 한 것으로 드러나게 된다. 바보 이반의 힘은 그의 단순함, 진실성, 물질에 무심하고 계산적인 행동을 할 줄 모르는 성격에서 나온다. 바로 이런 주인공이 러시아 민중이 이상으로 삼는 인물이다. 바보 이반은 마지막 남은 빵을 배고픈 토끼에게 줘버린다. 상식적으로 볼 때 어처구니없는 행동이 아닐 수 없다. 하지만 그가 어려움에 처하자 토끼는 러시아 영웅들의 적수인 까셰이의 영혼이 들어 있는 달걀을 가져다 주어 은혜를 갚는다. 또 아무도 바보 이반의 말이나 행동을 심각하게 받아들이지 않는데, 여기에서도 그의 힘이 느껴진다. 그는 너무나 순진하고, 정이 많고, 과묵하다. 그래서 '똑똑이'들은 그를 바보라고 깔보지만, 민중은 그를 영웅으로 흠모한다.

뿌리 깊은 형제애

　러시아의 민족성을 대표하는 특성의 하나로 공동체 정신과 집단주의가 자주 거론된다. 이를 잘 보여 주는 사례를 보자. 자동차들이 고속도로를 맹렬한 속도로 질주하는 상황이다. 이미 제한속도를 넘어선 지 오래다. 반대편 차선의 자동차들이 갑자기 전조등을 깜박이기 시작한다. 러시아 운전자는 금세 알아차리고 속도를 줄인다. 저 앞에 가이쉬닉, 즉 교통경찰이 있다는 신호임을 알기 때문이다. 속도를 낮춘 운전자는 교통경찰 옆을 유유히 지나친 후 이내 속도를 높인다. 그리고 이번에는 자기가 반대편 차들에게 전조등으로 신호를 보내 준다. 법규를 잘 지키는 서구인의 관점에서 보면 말도 안 되는 짓이다. 사고 위험도 전혀 줄어들지 않는다. 하지만 러시아 사람들은 함께 사는 사람들끼리 상부상조하고 공동으로 책임을 지는 행동은 당연하다고 여긴다.

20세기 초까지 러시아 인구의 대부분을 차지한 농민들은 몇백 년 동안 공동체를 이루어 살았다. 그 공동체를 러시아어로는 '옵시나(Община)'라고 한다. 옵시나는 한 마을 혹은 이웃한 여러 마을에 사는 농민들이 만든 공동체로 혁명 전까지 존속했다. 옵시나의 농민들은 함께 힘을 모아 토지와 농사일, 세금과 같은 여러 문제를 해결하곤 했다. 이 공동체의 주민들은 대부분 농민이었으므로, 옵시나가 러시아인의 기질에 큰 영향을 미치지 않을 수 없었다. 옵시나의 주민들은 공동 노동을 했으며 자치와 평등, 공동 책임을 원칙으로 삼았다.

옵시나의 농민들은 한데 모여 외부의 위험으로부터 서로를 지키기도 했다. 외세의 침략에서부터 강도떼의 노략질, 지주와 관리들의 횡포 등에 맞서 힘을 모았다. 중요한 문제는 회의를 통해 함께 결정을 했다. 공평함의 원칙을 지키기 위해 어떻게 토지를 나눌지 공동으로 결정했다. 모두 힘을 모아 누구를 도와야 할지, 전쟁에는 누구를 내보낼지, 세금은 어떻게 낼지, 나쁜 짓을 한 사람을 어떻게 처벌할지도 이렇게 결정되었다. 심지어 가족 내에서 생긴 분쟁도 전체 회의에서 해결할 정도였다. 이런 체제에서는 약자가 기죽을 일도 없고 남에게 군림하는 강자가 발호할 기회도 없었다. 그래서 러시아 농촌에는 거지도 없었다. 세간에 널리 퍼진 고정관념과 달리 사회적 평등을 추구하는 집단주의 체제는 사회주의 체제가 들어서기 오래전부터 러시아 사회에 깊이 뿌리박고 있었다. 이런 조건에서 자기 보호 본능보다 상부상조의 정신이 더 중요하게 여겨지게 된 것이다.

러시아 민중에 뿌리 깊게 박힌 형제애는 외부의 관찰자들을 매료시키곤 했다. 20세기 초 미국 상원 의원은 이런 글을 남겼다. "개인주의는 앵글로색슨과 결코 떼어놓을 수 없는 특성이다. 반면 러시아 사람들은 공동체를 바탕으로 일하는 민족적인 경향이 있다. 미국인이나 영국인 혹은 독일인이 암묵적으로 그런 약속을 맺고 일을 하면 처음부터 다툼이 일어나 삐걱대다가 결국에는 구성원들이 무엇 하나 합의하지 못하고 무너지겠지만 러시아인들은 거의 아무런 문제 없이 훌륭하게 함께 일을 해나간다."

그런데 요즘은 이런 연대의식 때문에 서구의 기업이 사업을 제대로 하지 못하는 경우도 발생한다. 청량음료 '환타' 홍보를 위해 경품 행사가 열렸던 때의 일이다. 환타 병뚜껑의 안쪽에 그려진 그림 조각들을 다 모아 맞춘 사람만 응모할 수 있었다. 그러자 모스끄바와 뻬쩨르부르그를 비롯해 여러 도시에서 자연적인 모임이 생겨났다. 병뚜껑을 교환하거나 사고파는 시장이 열렸던 것이다.

집단주의에 익숙해진 러시아 사람들은 지인과 이웃 혹은 지나가는 타인의 일에 곧잘 훈수를 두곤 한다. 모스끄바에서 가족과 함께 생활하는 외국인이라면 이런 상황 때문에 당황하는 일이 많다. 추운 겨울에 아이에게 털모자를 씌우지 않고 데리고 나가면 대체 아이를 어떻게 키우는 거냐는 꾸지람과 잔소리가 우박처럼 쏟아지기 때문이다. 길거리에서 모르는 사람에게 훈계를 당하는 일은 모스끄바에서 아주 흔하다.

지금도 러시아 사람들은 뭐든 함께하기를 좋아한다. 예를 들어 누군가를 찾아가거나 산책 나갈 때도 함께한다. 외국인들은 곧잘 이런 불평을 한다. 마음에 드는 아가씨를 데이트에 초대했더니 친구들을 잔뜩 데리고 나왔

다는 것이다. 어떻게 친구들의 여가 시간을 그렇게 축낼 수 있는지 이해할 수 없다고도 한다.

러시아의 집단주의는 간단히 이해할 수 없다. 그래서 차라리 이상화해 버린다. 물론 함께 일을 하고, 상부상조하고 우정을 쌓는 일은 좋은 풍습이다. 그러나 부작용도 무시할 수 없다. 개인주의적 성향의 영국인들은 줄을 잘 선다. 하지만 러시아에서는 새치기가 일종의 영웅 행위로 여겨진다. 집단 책임은 뒤집어서 보면 아무도 책임을 지지 않는다는 말이기도 하다. '내가 치울 필요가 뭐 있어, 누군가 치울 텐데.' 뭐 이런 식이다.

러시아인의 사고방식에 뿌리를 내린 공동체 의식이 낳은 흥미로운 결과물 중 하나가 '연줄'이라는 네트워크이다. 이 네트워크가 돌아가는 원칙은 간단하다. 바로 상부상조이다. 이런 시스템은 구소련이 붕괴하기 전 몇십 년 동안의 경제위기를 거치면서 더 확산되었다. 그 시절에는 가게에서 아무것도 팔지 않았지만 사람들은 어떻게든 물건을 구할 수 있었다. 볼쇼이 극장의 티켓에서부터 외출용 구두, 핀란드산 소시지, 좋은 학교, 약품 등 한마디로 못 구하는 물건이 없었다.

요즘은 상황이 더 재미있다. 이제는 가게에서 돈 주고도 물건을 살 수 없는 상황이란 없다. 다만 너무 비쌀 뿐이다. 다른 나라의 물가와 비교해 봐도 말이다. 그런데 다른 한편으로는 과거의 '연줄' 시스템이 그대로 작동하고 있다. 그래서 객실 하나에 150달러나 하는 휴가라도 연줄을 통해 공짜로 즐기는 상황이 생긴다.

그런데 문제는 돈을 지불하더라도 반드시 좋은 품질의 서비스가 보장되지 않는다는 데 있다. 학비나 치료비가 비싼 학교와 병원이라 해도 '연줄'을 총동원해 좋은 일자리를 잡은 교사나 의료진으로 가득 차 있을지도 모르는 일이다. 낭패를 당하지 않으려면 연줄을 통해 정보를 수집해야 한다.

러시아 사람들의 특징 중에는 깊은 애국심도 있다. 이 애국심을 러시아인은 가슴속 깊이 꽁꽁 감추어 두고 겉으로 드러내지 않는다. 러시아 사람들은 자기비판과 자책을 심하게 하는 경향이 있다. 물론 반대로 자긍심과 자기애를 한껏 과시하기도 한다. 그러므로 러시아 사람들이 "이런 나라에서 도저히 못 살겠어!"라고 볼멘 소리를 해도 너무 심각하게 받아들일 필요는 없다. 러시아 사람들은 러시아에서 사는 게 힘들다고 자주 투덜거리지만 (사실 그렇게 투덜거릴 만한 이유는 무수히 많다) 그렇다고 외국인까지 덩달아 그런 불평을 하면 절대 좋아하지 않는다.

법과 규칙에 대한 융통성

러시아에서는 법과 규칙을 대하는 태도가 몹시 복잡하다. 일전에 모스끄바의 인구 밀집 지역에 자리 잡은 공원을 산책한 적이 있었다. 개 출입 금지 표지판이 곳곳에 세워져 있었지만 공원 안은 개를 데려온 사람들도 북적거렸다. 개들에게 산책을 시켜 주어야 하는데 주변에 그럴 만한 녹지는 그 공원밖에 없었기 때문이다. 그런 상황에서는 표지판이나 현수막을 아무리 많이 걸어 놓아도 아무 의미가 없다. 공원을 돌아다니는 개들만큼 많은 아이들 주변을 거닐면서 문득 이 아이들이 법에 대해 제일 처음 배우는 교훈은 '규칙이

라고 다 지킬 필요는 없다'가 아닐까 하는 생각이 들었다.

법에 대한 러시아인의 태도를 안다면 '흡연 금지!'라는 표지판 아래서 담배를 피는 대학생을 보거나 '주류 판매 불가'라는 표지판이 걸려 있는 가게에서 보드까 가격을 묻는 사람들을 봐도 아무도 놀라지 않을 것이다. 모스끄바에서 생활한다면 법에 대한 러시아인의 태도를 잘 명심해야 한다. 가령, 러시아에서는 보행자가 횡단보도로 지나가도 자동차가 멈춰서지 않는다. 부디 알아서 조심하도록!

솔직하게 자신을 드러내는 러시아인

형제애와 집단주의는 러시아의 민족성에 다양한 특징을 만들어 냈다. 러시아에서 인간관계는 비공식적인 성격을 지닌다. 러시아식 우정을 이해하는 것은 아주 중요하다. 러시아 지인에게 "요즘 어떻게 지내?"라는 일상적인 질문을 던지면 시시콜콜한 것까지 다 알려줄 것이니 마음의 준비를 하라. 만약 이런 상황에서 외국인이 너무 형식적으로 답변한다면 러시아 사람들은 마음에 상처를 받을 것이다. 모스끄바의 유명한 연극 연출자 갈리나 볼첵의 경험담을 보자. 미국에 갔을 때

그녀는 한 가지 실험을 해보았다고 한다. "How are you?"라는 질문을 받으면 냉큼 "남편이 얼마 전에 투신자살을 했어."라고 대답했던 것이다. 그러면 안부를 물은 사람들은 대답을 귀담아 듣지도 않고 "Glad to hear it.(그것 참 기쁜 일이구나)"라고 말했다고 한다.

외국인은 러시아 사람들이 개인적인 문제를 솔직히 털어놓는 모습을 보며 놀라움을 금치 못한다. 러시아 사람들은 형식적인 대화를 나누지 않는다. 그러니 모스끄바에서 뻬쩨르부르그로 가는 야간열차에서 우연히 같은 칸을 탄 낯선 러시아인이 개인 삶에 대해 시시콜콜히 다 털어놓더라도 결코 놀라지 마라. 19세기에 어떤 미국 여행객은 "러시아인들은 여행을 하면 말수가 많아진다. 스코틀랜드인들처럼 호기심이 철철 넘치기 때문이다. 이 사람들이 얼마나 열정적으로 자기 이야기를 은밀한 부분까지 다 털어놓는지 당신은 상상조차 하지 못할 것이다."라는 기록을 남기기도 했다.

러시아에서는 업무상 맺어진 관계라도 무척 개인적인 특성을 띤다. 사적인 일과 감정, 기분 상태를 캐묻는 질문이 자기소개만큼 일상적이다. 그래서인지 러시아에서는 날씨에 대한 대화를 잘 볼 수가 없다. 서구에서 흔히 볼 수 있는 판매용 축하 카드도 러시아인의 심기를 불편하게 한다. 나는 반년 동안 무소식이던 미국인 친구들이 보낸 카드에 크게 실망했다는 친구의 이야기를 들은 적이 있다. 친구는 기대감에 부풀어 카드를 연 순간 깜짝 놀라고 말았다. 카드 회사에서 인쇄되어 나온 'Happy New Year' 문구 아래 '앤과 존'이라는 간단한 서명이 전부였기 때문이다. 러시아에서 그런 카드는 상대를 무시하는 것이나 다름이 없다. 안부 인사 몇 줄을 써 줄 만한 사이도 아닐뿐더러 자신과 가족, 일에 대해 알리고 싶지 않다는 뜻으로 해석된다. 정작 러시아 사람들은 이런 소소한 소식을 기다리는데 말이다.

이런 개방적인 모습과 함께 극도의 의심과 비밀주의도 러시아인의 특징이다. 이를 잘 보여 주는 예가 있다. 러시아 사람들은 숲에 버섯 따러 가기를 좋아한다. 스포츠를 즐기듯 버섯을 따고 그 버섯으로 맛있는 요리를 만드는 것이다. 그런데 버섯을 다 따고 숲에서 나올 때면 버섯 바구니를 잎이나 나뭇가지, 천 조각 같은 것으로 덮어 남에게 보이지 않게 한다. 이유를 물어보면 답은 이렇다. "다른 사람에게 뭣하러 알리겠어요. 버섯을 많이 따면 그걸 보고 사방에서 우리 숲으로 모여들 거잖아요. 게다가 샘을 낼 텐데, 쓸데없이 문제를 만들 필요가 어디에 있어요. 또 버섯이 얼마 없으면 창피하잖아요. 버섯 따는 실력이 형편없는 것처럼 보일 테니까요."

극도의 조심성 때문에 러시아 사람들은 의도치 않게 거짓말을 하고 그 바람에 단순한 상황을 복잡하게 몰아가기도 한다.

종교와 믿음

구소련 정부가 공식적으로 국민들에게 무신론을 강요했음에도 러시아 사람들의 삶에서 종교는 여전히 중요한 역할을 맡고 있다. 종교를 바라보는 관점에 따라 러시아 사람들은 몇 가지 부류로 나뉜다. 첫 번째는 열렬한 신자들로, 주로 구세대를 대변하는 사람들이다. 최근에는 젊은 층의 유입도 많다. 두 번째는 유행을 따르듯 교회에 나가는 사람들이다. 역사나 문화적 근원을 추구하는 독특한 현상이기도 하며 교양 있는 인뗄리겐찌야들이 이런 분위기를 주도하고 있다. 다른 한편 구세대로서 '전투적인 무신론자'들도 있다. 지금도

1930년대의 투쟁 정신에 불타는 이들에게 종교란 경직성과 후진성의 다른 말에 불과하다. 상당수의 국민은 종교에 무덤덤한 태도를 취하는데, 미래가 더 나빠질지 아무도 모르니 '만약을 대비해' 가끔 교회를 찾거나 불상사가 생길 경우에 교회를 찾는다. "천둥이 치지 않으면 성호를 긋지 않는다."라는 옛말을 따르는 셈이다. 어떤 부류에 속하는 러시아인이든 종교에 대해서는 대부분 퍽 진지하다. 사람들은 되도록이면 자신의 신념을 겉으로 드러내지 않고 공개적으로 떠들지도 않는다. 러시아에서는 주일예배를 사교의 장으로 생각하는 태도가 용납되지 않는다. 교회에 가는 것은 기도를 드리기 위함이다. 그래서 교회를 갈 때는 여러 명이 함께 가지 않고 주로 혼자 간다.

 러시아에서는 오래전부터 러시아정교를 믿어 왔다. 러시아정교 교회에서는 서서 예배를 드리는데 이 예배는 몇 시간이고 계속된다. 교회에 들어갈 때 남자는 모자를 벗고 여자는 반대로 머리를 덮어야 한다. 노출이 심한 옷과 반바지, 민소매 차림으로는 들어갈 수 없다. 심지어 바지 차림 여자들은 들어갈 수 없는 교회도 있다. 최근 들어 관광객에 대해서는 좀 관대한 편이다. 성인에게 뭔가를 빌고 싶다면 입구에서 양초를 사서 성화 앞에 켜두면 된다. 예배

도중에는 소리 내어 말을 하거나 내부를 촬영하거나 주변 신자들을 빤히 쳐다보거나 해서는 안 된다.

　최근 러시아에는 신비주의의 파도가 몰아쳤다. 온갖 종류의 점쟁이와 선지자, 치유자들이 넘쳐 났다. 사는 게 팍팍해지면서 미신이 판을 치는 것이다. 정치가와 기업가들 중에는 별자리 운세가 좋지 않게 나온 일은 아예 시작하지 않으려는 경향까지 있다.

돈으로는 행복을 살 수 없다

러시아에서 돈과 부를 바라보는 시선은 무척 복잡하다. 러시아의 문화와 문학은 '돈으로는 행복을 살 수 없다'고 늘 목소리를 높여 왔다. 행복을 돈으로 살 수 없다는 생각은 러시아 사람들의 의식 깊은 곳에 뿌리를 내리고 있다. 그것은 러시아의 역사에도 잘 드러나 있다. 19세기 후반에는 몇몇 상인들이 상당한 부를 축적하고 있었다. 러시아 상인들의 장사 수완과 기민함, 뛰어난 사업 감각은 잘 알려져 있다. 하지만 자신들의 부에 죄책감을 느낀 상인들은 막대한 돈을 투자해 교회를 짓고 병원과 학교를 열었다. 직원이나 일꾼뿐 아니라 도시 빈민을 위해 무상으로 서비스를 제공하는 기관들이었다. 여러 자선단체에도 후하게 기부했다. 그 자손들도 문화와 예술 발전에 큰 돈을 후원했다. 엄청난 양의 미술품을 수집하고 민속 예술을 지원했으며 극장을 여는가 하면 재능 있는 젊은 화가들을 후원했다.

모스끄바에 있는 그 유명한 뜨레찌야꼬프 미술관도 거상이었던 빠벨 뜨레찌야꼬프의 지원과 열정으로 만들어졌다. 모스끄바 예술 극장은 또 다른 거상인 사바 모로조프가 유명 연극인 스따니슬랍스끼에게 보낸 지원금을 바탕으로 설립되었다. 물론 예술 지원이나 자선 활동으로 완전히 파산한 상인들도 있었다. 하지만 어떻든 간에 쓰지 않고 쌓아만 두는 돈은 러시아 상인들에게 아무 의미가 없었고 오로지 마음의 짐만 될 뿐이었다.

부에 대한 복잡한 태도는 물질주의가 판을 치는 지금까지도 면면히 이어지고 있다. 사회에서 부는 존경과 지위가 아니라 시샘과 불행을 부른다. 특히 주위로부터 존경을 중시하는 '노브이 루스끼

(новые русские, novyje russkije)'들은 이런 사고방식으로 혼란을 느끼기도 한다.

 부에 대한 뿌리 깊은 사고방식을 가진 러시아 사람들은 경제 위기를 겪으면서 돈을 쌓아두기만 하는 일에 의미를 찾지 못했다. 악의 근원일뿐더러 언제라도 한낱 종잇조각으로 변할 수 있는 돈을 왜 쌓아 두는가. 차라리 써버리는 게 더 좋다. 이런 사고방식에서 유명한 (때로는 서글프기까지 한) 러시아식 낭비가 출현했다. 예술에 대한 후원 활동으로 명성을 얻은 상인 계층이 흥청망청 돈을 써대는 것이 좋은 예였다. 이들은 성대한 파티를 열어 수많은 사람들을 초대하고 애인들에게는 비싼 보석을 선물했고 셔츠는 파리로 보내 세탁을 할 정도였다.

 요즘도 이와 비슷한 상황을 흔히 볼 수 있다. 유럽에서 가장 비싼 저택을 속속 사들이는 사람들이 누구일까? 누가 가장 화려한 호텔에 묵을까? (속으로는 예전부터 마시던 맛있는 보드까를

가끔 떠올리면서도) 진귀한 와인을 세 배나 비싸게 주고 구입하는 사람은 누굴까? 러시아인이다. 런던에 본사를 두고 있는 대형 부동산 회사의 매니저가 러시아 TV와 가진 인터뷰에서 이렇게 말했다. "우리는 러시아 사람들을 아주 좋아합니다. 가장 비싼 부동산을 구입하면서 흥정도 하지 않거든요."

그런데 헤픈 씀씀이는 부자들에게만 해당되는 모습이 아니다 (사실 정말 어마어마한 부자들은 러시아에서 돈을 쓰지 않는다). 힘들게 돈을 버는 사람도 돈을 흥청망청 쓰곤 한다. 해외여행을 가거나, 필요하지도 않은 새 옷을 산다. 한마디로 먹고 사는데 꼭 필요하지 않은 것에 돈 쓰기를 주저하지 않는 것이다.

러시아에는 돈을 흥청망청 낭비하는 태도와 함께 정반대되는 태도도 존재한다. 전시와 종전 후 먹을 것이 없어 힘들게 지냈던 시기는 러시아 사람들에게 지울 수 없는 흔적을 남겼다. 지금도 노인들은 가끔 젊은 사람들 몰래 빵을 말리곤 한다. 왜 그러시냐고 여쭤 보면 '궂은 날'을 대비해서 그런다고 대답한다. 흥미롭게도 이 상반된 태도는 서로 충돌하지 않는다. 낭비하지 않고 알뜰살뜰하게 한 푼 두 푼 돈을 모으던 사람이 느닷없이 필요하지도 않은 물건이나 일에 돈을 써버릴 수도 있다. 기근의 공포와 근검절약하는 능력은 완전히 다른 차원의 일이다.

러시아에는 뇌물이 일상다반사라는 인식이 널리 퍼져 있지만 뇌물을 주기 전에 러시아 사람들과 먼저 상의를 해보라. 러시아에서는 지금도 뇌물로 여러 문제를 해결할 수 있다. 하지만 적절하지 않거나 너무 드러내놓고 돈을 제안하는 행동은 상대를 모욕하고 반감을 살 수 있다. 러시아에서는 '우리는 가난하지만 떳떳합니다'라는 태도가 인기를 얻고 있으므로 돈보다 이런 원칙을 보여 주는 것을 더 중요하게 여기는 사람이 많다는 사실을 문득 깨닫게 될 것이다.

자유로운 시간관념

러시아에서 시간은 별 의미가 없다. 러시아 특유의 이러한 시간관념이 과연 무엇 때문에 만들어졌는지는 알 길이 없다. 끝없이 펼쳐진 광활한 영토, 느닷없이 눈보라가 몰아치는 기후 등은 시간 계획을 세우기 어렵게 만들었으리라. 태어난 마을을 평생 벗어나지 않고 살았던 탓에 세상을 보는 눈이 극히 협소해지기도 했다. 이웃 현에 가는 것을 마치 '외국'에라도 가는 것처럼 여기도 했으니 말이다.

러시아 사람들이 시간을 대하는 태도는 무척 자유롭다. 5분만 있다 가겠다는 러시아 친구가 꼬박 세 시간을 앉아 있다가 갈 수도 있다. 15분 정도 지각은 지각으로 쳐주지도 않는다. 게다가 요즘은 기후와 자연, 지리적 어려움에 교통 정체까지 더해져서 시간을 정확하게 가늠하기가 더 힘들어졌다.

내 친구는 미국에서 참석한 공식 리셉션에 갔다가 놀라운 경험을 했다. 초대장에는 리셉션이 저녁 5시에서 8시까지라고 적혀 있었다. 내 친구에게는 5시에 손님들이 모이기 시작한다는 사실만이 중요했다. 그런데 놀랍게도 8시가 되자 미국인들은 누구랄 것 없이 하던 이야기를 정리하며 돌아갈 채비를 하는 것이 아닌가. 내 친구는 이제 막 모임이 시작되었다고 생각했으니 얼마나 황당했을지 상상이 갈 것이다. 러시아에서는 모임에 시간제한을 둔다는 개념이 잘 통하지 않는다. 이야기를 하고 싶은 사람이 있는 한 모임은 계속되어야 한다고 생각한다.

글보다 말

"종이는 모든 것을 담아 둔다."와 "말은 참새가 아니라서, 날아가면 잡을 수 없다."라는 두 속담은 글과 말이 러시아에서 얼마나 중요하게 여겨지는지 잘 보여 준다. 그중에서도 말은 글보다 훨씬 더 큰 의미를 지닌다.

러시아 상인들은 '정직한 상인의 말'에 자부심을 가졌다. 약속의 말을 어긴다면 상인으로 살아남기 어려웠다. 물론 그렇다고 사기를 치지 않았다는 것은 아니다. 상인들은 정부를 상대로 할 때면 온갖 교묘한 술책을 부리곤 했다. 하지만 일단 약속을 하면 반드시 지키려고 애를 썼다.

지금도 러시아에는 문서보다 구두 약속을 더 신뢰하는 경향이 있다. 심한 경우에는 계약과 협정, 영수증에 서명하기를 꺼리기도 한다. 구두로 약속을 했는데, 왜 자신을 못 믿느냐는 식이다.

교육제도를 살펴봐도 전통적으로 구두시험이 더 우세이다. 지금은 서구의 교육체제를 본받아 각종 테스트와 필기시험이 속속 도입되었는데 많은 이들이 이런 시험의 실효성에 대해 의구심과 불만을 표현한다. 교사들은 구두시험을 봐야 학생이 시험 준비를 잘했는지 판단할 수 있다고 생각한다. 필기시험은 부정행위를 하거나 요행이 따를 수 있어서 믿을 수 없다는 것이다.

문서에 대한 시각은 대체적으로 회의적이다. 필요한 서식이 너무 많거나 종이가 의미가 없기 때문일까? 이 문제는 다른 시각으로 살펴야 할지도 모른다. 오랫동안 러시아 사람들에게, 특히 농민의 경우 20세기 직전까지 글자는 오로지 성경에 쓰인 하느님의 말씀뿐이었다. 성경이 가장 중요한, 그리고 유일한 책이었다. 나머지 것들은 감히 종이에 쓰일 자격이 없다고 여겼다.

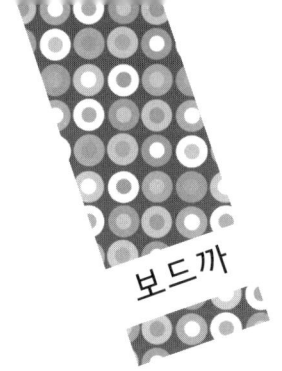

보드까

　술은 러시아인의 삶에서 가장 중요한 것 중 하나이다. 외국에서 온 사람들의 이야기를 들어 보면 러시아 상점이나 길거리 매점에 식료품이 떨어지는 때는 있어도 보드까나 알코올음료가 떨어지는 경우는 절대로 없다. 24시간 내내 말이다.
　실제로 러시아 사람들은 술을 즐기며 특히 보드까를 좋아한다. 한 가지 짚고 넘어가자면, 품질에 관한 한 이 독주는 러시아의 다른 어떤 술보다 훌륭하다. 와인, 브랜디, 꼬냑, 맥주를 살 때는 반드시 대형 가게에서 꼼꼼하게 살펴보고 사야 한다. 반면 좋은 품질의 보드까는 어디를 가나 쉽게 살 수 있다. 물론 가격이 너무 저렴한 것은 보드까라도 조심해야 한다. 러시아에서는 기쁠 때나 슬플 때, 외로울 때나 울적할 때, 하루 일을 마쳤을 때나 할 일이 없을 때, 몸을 녹이거나 긴장을 풀기 위해 술을 마신다. 게다가 술은 화기애애한 대화를 위해 빠질 수 없는 요소가 된다. 친구들과 교외로 놀러 갔거나, 사냥이나 낚시를 할 때, 최신 뉴스를 보며 토론을 벌일 때, 퇴근을 하고 우연히 친구들이 뭉쳤을 때 말이다. 술을 마실 핑계는 일 년 내내 언제나 찾아낼 수 있다.

  러시아의 정치 상황과 국가정책은 술 문화에 큰 영향을 미친다. 미하일 고르바쵸프의 개혁 중 금주법은 가장 많은 반발을 샀다. 이 법 시행 후 온갖 부작용이 나타났다. 우선 오랜 전통을 자랑하는 러시아 남부의 아름다운 포도원들이 파괴되었다. 돌이킬 수 없는 손실이자, 아무짝에도 쓸모없는 파괴였다. 이어 노동자에서 교수에 이르기까지 전 인구의 절반이 보드까를 사려고 줄을 서는 현상이 빚어졌다. 뿐만 아니라 밀주 생산이 그 어느 때보다 활발하게 이루어졌다. 암시장에서 유통되는 형편없는 가짜 술을 마셔 건강을 해치는 사람들도 생겨났다. 정부 정책에 대한 불만은 사회의 동요와 혼란을 불렀고 사회적 충돌의 빌미를 제공하였다.

지금은 완전히 다른 상황이 펼쳐지고 있다. 러시아가 시장경제를 표방하면서 술의 생산과 판매가 엄청난 규모로 늘어났다. 그 결과 전국 각지로 술이 유통되면서 누구나 손쉽게 술을 살 수 있게 되었다. 이런 상황에서 공공장소나 도로에서의 음주가 자유의 상징이라는 이상한 인식이 퍼져 나갔다. 마치 자유로운 세상에서는 그런 행위가 당연하다는 것처럼 말이다. 그래서 요즘은 걸어 다니면서 병에 든 진토닉을 마시는 아가씨들이나 버스 정류장에서 맥주를 마시는 중년 남자들을 흔히 볼 수 있다.

그렇다고 러시아인의 음주를 너무 과장해 생각할 필요는 없다. 친구들과 한두 잔 기울이며 스트레스를 푸는 것 혹은 퇴근하고 돌아가는 길이 너무 추워서 몸을 녹이려고 마시는 것은 코가 비뚤어지도록 마셔 대는 것과 전혀 별개이니 말이다. 러시아 사람이라고 누구나 늘 술병을 달고 사는 것은 아니다. 여자들은 술을 덜 마신다. 게다가 보드까나 독주를 마시지 않는 여자들도 많다. 음주가 무조건 과음으로 이어지지도 않는다. 러시아에서는 예로부터 술을 마신 후에도 맑은 정신과 판단력을 잃지 않는 모습을 높이 평가했다. 물론 알코올중독자들도 있다. 대도시에서는 길거리에서 이런 사람들을 볼 수 있다. 사실 이런 것은 비단 러시아뿐 아니라 전 세계 대도시의 보편적인 모습이지 않은가. 이와 관련해서는 알코올 중독자들을 무료로 수용해 치료하던 국립의료시설이 최근 속속 문을 닫았기 때문이라는 점도 언급해야 할 것이다.

술을 마시는 풍습도 러시아는 독특하다. 러시아에서는 위스키를 자기 잔에 직접 따르지도, 술잔을 손에 든 채 서서 사업 이야기를 나누지도 않는다. 주류가 식사에 들어가 있다면 입맛을 돋우기 위한 식전 포도주는 생략된다. 서구인들이 조금씩 자주 마신다면 러시아에서는 드물게 왕창 마신다. 러시아인들은 식탁에 앉아 음식과 함께 술을 즐긴다. 그리고 한 잔을 비운 후에 음식을 입에 넣는다.

Chapter 3 러시아 사회

러시아 사회의 상하 관계

　러시아 사회의 상하관계는 겉과 속이 모순적이다. 겉으로는 엄격한 서열 관계가 지켜져 아랫사람은 윗사람을 존경하고 사회적 상황의 한계를 받아들여 복종하는 듯 보인다. 하지만 이것이 전부는 아니다. 주요 의사결정자는 역시 상사이긴 하지만, 부하직원은 상사와 동등한 입장에서 의견을 나눌 수 있다. 따라서 보다 넓은 시각으로 보자면 러시아의 상사와 부하들은 여느 서구 국가들에 비해 훨씬 가족적인 관계를 맺는 편이다.
　이와 함께 알아 둬야 할 것이 있다. 러시아 고전문학에 자주 등장하는 '작은 인간'이 지닌 나름의 독특한 자존심이 그것이다. 거대한 조직의 가장 말단에 위치한 '작은 인간'은 자기를 충분히 존중해 주지 않았다는 이유만으로 큰 권력가나 중요한 일을 완전히 망쳐 놓을 수 있다. 이 경우 고압적인 요구보다는 공손한 부탁의 말 한마디가 상황을 바꿔 준다. 돈과 지위보다는 배려와 존중이 더 중요하다는 생각 때문이다. '작은 인간'들이 윗사람을 칭찬할 때면 으레 "얼마나 좋은 분인지 몰라. 우릴 인간적으로 대해 주신다니까."라는 표현을 쓰곤 한다. 러시아에 갈 때는 호텔 안내인, 거래처 비서, 병원 간호사, 이웃집 아주머니 등에게 줄 작은 선물을 여러 개 준비하라는 조언도 이런 맥락에서 나온다. 뭘 하든 뇌물이 필요하다는 식으로 생각할 필요는 없다. "선물이 아닌, 마음이 소중하다."라는 러시아 속담처럼 그저 호의를 전달하자는 뜻이니 말이다. 다시 말해 물질적인 그 무엇보다 인간적으로 대하는 것이 더 중요하다. 사소한 물건이라도 상대는 당신의 관심과 배려에 고마워할 것이다. 그리고 그 관심과 배려를 되갚아주려 할 테니 혹시 무슨 문제가 생기더라도 걱정 없다. '작은 인간'의 배려는 때로 아주 강력하고 중요하게 작용하기 때문이다.

남성과 여성

여성을 대하는 러시아인 특유의 방식 때문에 외국인은 때로 당혹감을 느끼기도 한다. 여러 서구 국가에 비해 러시아는 여성과 관련한 태도가 더 전통적이고 보수

적이다. 물론 러시아에서는 소비에트 혁명 직후인 1917년, 일찌감치 '여성 해방'이 이루어졌다. 게다가 새로 성립된 소비에트 연방은 최초의 헌법을 통해 남녀의 권리가 평등함을 선언하기도 했다. 그리하여 오늘날 부인이 더 좋은 직장에서

더 높은 직위로 일하거나 더 많은 월급을 받는 일이 적지 않지만 그렇다 해도 집에서는 가장인 남편이 여전히 절대적인 권위를 지니는 것이 일반적이다. 남성이 집안의 주인 노릇을 하고 중요한 결정을 내리며 나가서 돈을 벌어 오는 가족 형태가 이상적이라고 여기는 러시아 여성들 또한 아직 많다. 기업, 금융기관, 정부기관 등에서 요직을 차지하고 있는 러시아 여성들도 성공적인 사회생활보다 가족의 행복을 더 소중하게 생각하곤 한다.

능력 있는 직장 여성도 일단 퇴근을 한 후에는 연약한 여성이 되어 관심과 보호를 받고 싶어 한다. 16세기의 서구에서 발행된 어느 책에는 러시아 여성에 대한 재미있는 일화가 실려 있다. 내용의 신빙성은 의심이 가지만 지금까지 오랫동안 전해지면서 사실처럼 굳어진 이야기이다. 외국인과 결혼한 한 러시아 여성이 있었다. 결혼 생활은 행복했지만 날이 갈수록 부인 얼굴에는 수심이 깊어 갔다. 참다못한 남편이 도대체 왜 그러느냐고 물었더니 아내는 대답했다.

"당신은 절 사랑하지 않아요!"

"뭐라고? 아니 왜 그렇게 생각하는 거요?"

"절 때리지 않잖아요! 그건 사랑하지 않는다는 뜻이에요."

이야기의 결말은 비극적이다. 남편은 사랑을 증명하기 위해 아내를 때리기 시작했고 아내는 결국 맞아 죽고 말았다고 한다. 서글픈 현실이지만 이 이야기는 오늘날까지도 종종 러시아 가족의 남편과 아내 관계를 대변해 준다.

러시아 가족에 있어 여성이 어떠한 지위를 가지고 있는가는 언어에도 반영된다. 남자가 결혼할 때는 '아내를 데려온다'고 표현하지만 여자가 결혼할 때는 '남편 뒤에 숨다'라고 표현한다. 러시아 아내는 마치 돌로 쌓은 성벽처럼 튼튼하고 힘센 남편 뒤로 숨는 셈이다. 하지만 이를 러시아 여성의 수동적인 성향으로만 해석할 수는 없다. 오늘날 러시아에서 전업주부는 극히 드물다. 자주 이사를 다녀야 하는 군인의 아내, 혹은 집에서 가사만 돌보는 부인을 사회적 부(富)의 상징으로 생각하는 신흥 부자의 아내 등 특정 상황에서만 전업주부를 볼 수 있다. 대부분의 부인들은 전일 근무 직장에 다니는데 이는 다만 돈을 벌기 위해서가 아니라 자신을 필요로 하는 요직에서 자기 능력을 발휘하고 싶다는 마음 때문이다.

러시아에서 가족의 가치는 과거 못지않게 높이 평가된다. 그래서 늦도록 미혼으로 지내는 남녀는 뭔가 문제가 있을 것이라는 미심쩍은 시선을 받아야 한다. 독신 여성 스스로도 주눅 든 모습을 보인다. 학력도 높고 돈도 남부럽지 않게 벌고 있는 한 독신 여성은 동창 모임에 나가지 않기로 했다면서 "모두들 남편과 아이에 대해 물어올 텐데 전 할 말이 없는 걸요."라는 말로 그 이유를 설명했다.

현대 러시아 사회에서 '강한 남성'과 '약한 여성'이라는 전통적 관계는 형식적으로 변모되었지만 그 기본 원칙만은 오늘날까지도 굳건히 지켜진다. 길거리나 공공장소에서 여성들을 존중하고 배려하는 에티켓이 그것이다. 물론 요즘에는 애석하게도 항상 지켜지지는 않는다. 남성이 문을 열고 여성이 지나갈 때까지 기다려 준다든지, 버스에서 내릴 때 손을 잡아 준다든지, 자리를 양보한다든지, 외투를 받아 준다든지 하는 풍경을 자주 목격할 수 있다.

비즈니스 관계에서도 여성을 배려해 주는 원칙은 여전히 적용된다. 러시아에서의 비즈니스를 소재로 한 서구의 책들을 보면 여성이 사업상 겪는 문제점들이 자주 지적된다. 러시아에서는 여성을 사업 파트너로서 진지하게 대하지 않는다는 것이다. 하지만 여기서 겉과 속을 혼동해서는 안 된다. 앞서 언급했듯 오늘날 러시아에서는 여성이 사회생활을 하는 것이 지극히 일반적이다. 특히 교육이나 상업 분야에서는 여성의 비율이 남성보다 훨씬 높기까지 하다. 다만 전통적인 몇몇 행동 방식이 지켜질 따름이다. 당신이 여성인데, 협상차 러시아에 가게 됐다고 하자. 그러면 당신은 여성이라는 이유만으로 러시아 남성들의 주목을 한 몸에 받게 될 것이다. 처음 만났을 때에는 물론, 헤어질 때에도 러시아 남성들이 당신의 손에 입을 맞출 수 있다. 어느 곳에 가든 '레이디 퍼스트'라는 말과 함께 양보를 받을 것이고 식사를 하게 될 때면 '아름다운 여성을 위하여'라는 건배 제의를 반드시 듣게 될 것이다. 비즈니스 미팅 중이라 해도 여성을 배려하고 관심을 보이는 것, 언뜻 보기에는 수작을 부리는 듯 행동하는 것은 러시아인들에게 지극히 자연스러운 일이다. 만만하게 생각하는 것이 절대로 아님을 명심하도록. 당신이 자기 역할을 잘 해내는 능력 있는 비즈니스 우먼이라면 상대방 역시 당신의 그런 모습을 단번에 알아채고 당신의 능력을 높이 평가하게 될 것이다. 하지만 그 뛰어난 업무 능력 때문에 당신을 향한 '지나친' 관심과 배려의 수위가 한층 높아질 수도 있다.

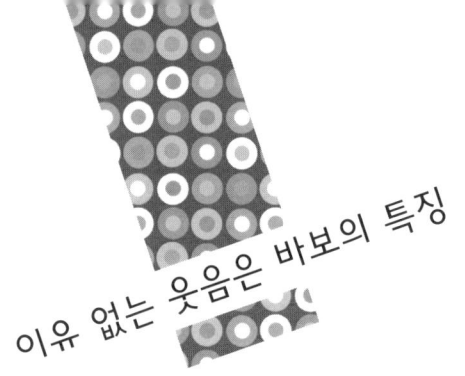

이유 없는 웃음은 바보의 특징

길거리 등 공공장소에서 러시아인들이 보이는 무뚝뚝한 표정에 대해서도 해명이 필요할 듯하다. 이런 표정이나 태도 때문에 러시아 사람은 침울하다거나 음침하다고들 여긴다. 하지만 이는 러시아인의 성격 때문이 아니라 전통적인 행동양식 때문이다. 러시아에서는 모르는 사람들에게 미소를 보이지 않는 것이 상식이다. 낯선 이에게 아무런 이유 없이 미소를 지어 봤자 기껏 바보스럽다는 인상만 남길 뿐이다. 더 나아가 어두컴컴한 건물 현관 같은 곳에서 모르는 사람에게 웃음을 보였다가는 자칫 위험에 빠질 수도 있다. '이유 없는 웃음은 바보의 특징'이라는 러시아 속담도 이를 말해 준다. 러시아에 맥도날드가 최초로 문을 열었을 때 직원들은 고객 앞에서 늘 웃음을 보이라는 교육을 받았다. 그러자 직원들은 "쓸데없이 웃는다면 우리를 바보라 생각할 거예요. 어떻게 해야 하지요?"라며 무척 고민스러워했다고 한다. 결국 길에서 마주치는 러시아 행인들의 진지하고 무언가에 골몰한 듯한 표정은 침울한 성격 때문이 아니라 미소는 가깝고 친한 사람에게만 보이는 것이라는 전통적인 인식 때문인 것이다.

끝으로 사족을 달자면 러시아에서 정치는 대단히 민감한 문제이다. 오늘날 러시아 사람들은 정치를 주제로 얘기하는 것을 좋아하지 않는다. 특히 외국인과는 너너욱 그렇다. 민주주의, 자본주의, 자유 등 서구에서 익숙하게 사용하는 개념이 러시아에서는 전혀 다른 의미를 가질 수도 있다. 비즈니스를 위해 러시아에 갔다면 정치 이야기는 아예 삼가는 편이 좋다. 같은 단어라도 서로 다른 언어에서는 다른 뜻으로 사용될 수 있다는 점을 기억하라.

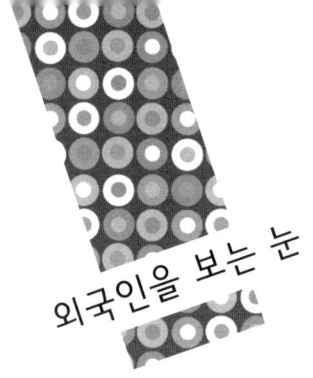

외국인을 보는 눈

러시아 사람들이 외국인을 바라보는 시각은 각양각색이다. 우선 세대에 따라 뚜렷이 다르게 나타난다. 동서 고립의 시기에 성장한 장년 혹은 노년 세대는 의심스러운 눈으로, 혹은 혼란과 경계심이 섞인 태도로 외국인을 대한다. 하다못해 텔레비전을 통해서라도 세상을 좀 접해본 젊은이들은 호기심과 흥미를 드러낸다. 하지만 세대를 통틀어 국가의 자주성이나 독립성을 강조하는 모습 속에는 외국을 낮춰보거나 무시하는 오만한 태도가 어느 정도 숨겨져 있다. 서구의 영향이 특히 두드러지는 오늘날, 러시아에서는 그 반작용으로 오히려 더 많은 젊은이들이 강한 조국, 독자적인 러시아를 외치고 있다.

다른 한편으로는 손님 대접에 소홀함이 없어야 한다는 러시아 특유의 전통적인 사고방식으로 인해 있는 것, 없는 것 다 털어 내놓는 모습도 있다. 나라 전체가 기아에 허덕이던 시절에도 외국인 손님을 맞은 러시아인들은 존경과 환영의 표시로 성대한 식탁을 차려내곤 했다. 1866년에 러시아를 다녀간 미국의 소설가 마크 트웨인은 "그 어느 나라에서도 경험해 보지 못한 융숭한 대접을 받았다. 그저 미국인이라는 이유만으로 말이다."라고 기록했다.

물론 러시아에서 외국인을 바라보는 시각에는 문제가 될 만한 고정관념도 있다. 이를테면 외국인은 다들 부자라고 여긴다. 그래서 러시아의 호텔, 식당, 박물관에는 내국인 요금과 외국인 요금이 따로 존재한다. 하지만 기분 나빠할 필요는 없다. 실세로 러시아인 대부분의 월급은 달러로 환전했을 때 형편없는 수준이기 때문이다. 기껏해야 최저생계비 수준을 넘지 못한다. 한 달에 50달러를 버는 사람이 500달러를 버는 사람의 절약 정신을 이해할 수는 없는 노릇이다. 그저 구두쇠로 비칠 뿐이다.

1920년대 러시아에서 인기를 누렸던 책에 '자동차는 사치품이 아닌 이동 수단일 뿐'이라는 구절이 있었다. 이 말을 응용해 만든 우스갯소리가 '외국인은 사치품이 아닌 이동 수단일 뿐'이다. 러시아 여성들이 외국인을 이용해 이민을 시도하는 모습을 풍자한 것이다. 실제로 최근 이런 일이 부쩍 늘어났다. 하지만 이는 어디까지나 예외적이다. 대부분의 러시아인들은 사심 없이, 혹은 최소한 공평하게 서로 주고받는 '기브 앤 테이크(Give & Take) 원칙'으로 외국인을 대한다는 점을 기억하라.

언젠가 러시아에서는 몇몇 국가 사람들의 이미지를 조사한 적이 있다. 그 결과를 보면 미국인은 햄버거, 미소, 코카콜라, 달러, 비즈니스, 애국심, 멍청함, 교양 부족, 개방성 등과 같은 이미지를 연상시켰다. 영국인의 이미지는 안개, 여왕, 런던, 형식적인 의례, 홍차, 셜록 홈즈와 연결되었다. 한편 러시아인은 스스로에 대해서 보드까, 손님 환대, 모스끄바, 광활함, 겨울, 선량함 등의 이미지가 있다고 답했다.

정리해 보면 오늘날 러시아 사회가 외국인을 바라보는 태도는 양극화되어 있다. 한편으로는 모든 외국인이 러시아에서 인기 있는 외화 시리즈 '산타 바바라'의 등장인물처럼 산다고 믿는 러시아인들이 존재한다. 집집마다 차를 두 대씩 굴리고 넓은 저택에 수영장이 딸려 있으며 아무데나 펑펑 돈을 써대는 화려한 모습 말이다. 이런 천국 같은 세상을 상상하는 러시아인에게는 사실을 정확히 알려줄 필요가 있다. 다른 한편으로 거만하게 콧대를 세우고 외국인을 멸시하는 러시아인도 있다. 교육 수준이 낮고 무식하며 돈만 밝히는 속물로 외국인을 바라보는 것이다.

러시아어

며칠 동안의 짧은 관광에 그칠 작정이 아니라면 러시아어를 조금이라도 공부해 두는 편이 좋다. 러시아 알파벳을 모르면 길을 찾는 것조차 쉽지 않다. 거리 이름이나 지하철역 이름이 영어로 표기되어 있는 경우가 거의 없기 때문이다. 러시아 사람들은 진열하고 장식하는 데 별로 신경을 쓰지 않기 때문에 상점의 불투명 유리 안에 무엇이 있는지 전혀 알아차릴 수 없는 경우도 많다. 러시아 알파벳을 읽지 못한다면 그 상점이 '카페'인지 '약국'인지 알아내기가 어려울 것이다.

낯선 나라에 가더라도 대개 알파벳은 영어와 비

숫해 익숙하다. 하지만 러시아에 간다면 언어는 말할 것도 없고 알파벳마저도 완전히 달라 혼란스러울 것이다. 익숙해 보이는 글자가 전혀 다른 발음으로 읽히기도 한다. 예를 들어 러시아 알파벳 в의 발음은 'v'이고 p의 발음은 'r'로 된다. 레스토랑, 택시, 뱅크 등 국제적으로 통용되는 단어도 러시아어로 표기하면 각각 'ресторан', 'такси', 'банк'가 되어 버린다. 이런 단어를 알아보기란 쉬운 일이 아니다. 문자의 차이는 러시아를 찾은 외국인들에게 혼란과 신비감을 더해 준다.

러시아어는 아주 어려운 언어라고 인식되어 왔다. 알파벳 때문에도 그렇고 문법 때문에도 그렇다. 겸손이나 애정 등 감정을 표현하기 좋아하는 러시아인들은 단어에 온갖 지소형(指小形) 어미를 덧붙여 쓰기 때문에 본래 단어 형태를 파악하기도 여간 어렵지 않다.

러시아인들은 정치적인 의미를 담은 몸짓언어를 많이 사용한다고 생각하는 외국인들이 종종 있지만 실제로는 별로 그렇지 않다. 그런 생각은 소련 시절을 묘사한 과거의 서구 서적들 때문에 생겨난 것 같다. 어깨에 손가락 두 개를 올리면 그 자리에 KGB 요원이 있다는 뜻이고 천장을 올려다보면 누군가 엿듣고 있다는 뜻이라는 식이다. 이는 모두 러시아 바깥에서 생겨난 이야기이다. 아마 전체

주의 치하의 고통스러운 삶을 묘사하기 위한 방법이었으리라. 평범한 사람들이 그 존재를 알아차릴 수 있을 만큼 허술하게 미행하거나 도청하는 KGB 요원이 과연 몇 명이나 되었을까? 이렇게  보면 정치적 몸짓언어는 아예 생겨날 필요조차 없었던 셈이다.

현재 러시아에서 널리 사용되는 몸짓언어는 일상에 맞닿은, 보다 실질적인 종류이다. 목을 손가락으로 퉁기는 몸짓은 '한잔 하러 가자'는 뜻이고 관자놀이 옆으로 원을 그리는 것은 '바보'라는 뜻, 엄지손가락을 치켜 올리는 건 '훌륭하다'는 뜻이다. 하지만 전체적으로 볼 때 러시아의 몸짓언어는 다른 나라에 비해 그리 풍부한 편이 아니다.

러시아어에서 상대를 지칭하는 방법도 조금 혼란스러울 수 있다. 상대방을 뜻하는 2인칭 대명사는 공식적인 브이(Вы, Vy)와 친밀한 뜨이(Ты, Ty)로 나뉜다. 이를 제대로 가려 쓰지 못하면 뜻하지 않게 상대를 언짢게 만들 수 있다. 친밀한 지칭인 '뜨이'가 때로는 무례하게 들릴 수 있기 때문이다. 실수를 피하려면 늘 '브이'를 사

용하는 것이 좋다. 이 지칭이 무례하게 느껴지는 경우란 없다고 보면 된다. 관계가 충분히 친밀해졌다고 판단되면 러시아인들이 먼저 제안할 것이다. '이제 서로 뜨이라고 부르자'라고 말이다.

이름을 부르는 것도 간단하지 않다. 러시아 사람들에게는 성과 이름뿐 아니라 아버지 이름에서 만들어지는 부칭이라는 것이 있다. 공식적인 상황이라면 이름과 부칭을, 친밀한 관계에서는 이름만 부르게 된다. 성만 부르는 경우는 군대 병사들, 초·중·고등학교 학생들, 그리고 드문 경우 대학의 학생들을 부를 때이다. 이렇듯 상황에 따라 호칭이 달라지므로 상대가 자기소개하는 것을 잘 듣고 그대로 해주면 무리가 없다. 대개는 자기가 불리고 싶은 대로 자기를 소개할 것이기 때문이다. 확실치 않으면 "죄송합니다만, 부칭을 잘 못 들었습니다."라고 말하라. 상대가 '마리아 이바노브나'

라고 대답한다면 다음부터는 그렇게 그 사람을 부르면 된다. "그냥 마샤(마리아의 애칭)라고 부르세요."라는 대답이 나왔다면 편하게 불러도 좋다.

러시아 사람들의 외국어

　러시아인들은 외국어 공부를 좋아한다. 여러 외국어에 능통한 사람은 존경을 받고 좋은 직장을 구하는 데도 유리하다. 오늘날 특히 인기 있는 외국어는 영어이다. 중등학교 대부분이 영어를 필수과목으로 가르친다. 그러니 길 가다 마주치는 행인들 대부분이 간단한 영어 문장은 구사할 수 있다고 생각해도 좋다. 다음으로 많이 아는 외국어는 독일어, 프랑스어 순이다.

　물론 언제나 언어가 중요한 것은 아니다. 호의적인 분위기라면 언어가 아예 필요 없을 수도 있다. 마크 트웨인은 주변 세상을 이해하고 느끼는

데 말 따위는 필요 없다는 생각을 다음과 같이 피력하기도 했다. "나는 러시아인들과 다정하게 이야기를 나누었다. 그들도 나와 똑같은 친밀감을 느끼는 것 같았다. 우리가 나눴던 대화는 양쪽 모두에게 진정 만족스러웠다. 비록 서로의 말을 이해할 수는 없었지만 말이다."

러시아 파트너에게
좋은 인상을 심어주는 다섯 가지

러시아에 대한 칭찬
말끔한 옷차림, 외모
대화할 때의 솔직하고 신뢰감 있는 태도
술자리에서 함께 잘 어울리는 것
상대의 말에 귀를 기울이는 것

러시아 파트너를
돌아서게 만드는 다섯 가지

거만함, 훈계하려는 어투
진지하지 못한 표정, 단정치 못한 옷차림
비즈니스맨에게 너무 하찮은 물건을 선물하는 것
술자리, 식사 대접, 집으로의 초대 등을 거절하는 것
불필요한 선물이라 하더라도 선물을 거절하는 것

교통편

　러시아를 찾는 외국인들은 대부분 모스끄바와 상뜨뻬쩨르부르그 두 도시에 몰린다. 현재와 과거의 수도인 이 두 도시에는 대부분의 외국 기업이 몰려 있고 주거 환경도 가장 좋으며 레스토랑, 극장 등도 즐비하다. 한마디로 화려하게 빛나는 생활이 가능한 것이다. 우랄, 시베리아, 극동 지역에도 각각 나름의 중심지가 따로 있다. 지리적인 위치 때문에 전통적으로 인접국과 밀접한 관계를 맺어온 곳들도 있다. 예를 들어 아르한겔스끄와 무르만스끄는 노르웨이와, 블라지보스똑은 중국, 일본, 한국과 교류가 많다. 그럼에도 불구하고 가장 많은 외국인이 모여드는 곳은 바로 모스끄바와 상뜨뻬쩨르부르그다.

외국인 관광객들이 집중되는 러시아의 두 도시, 모스끄바와 상뜨뻬쩨르부르그는 구경거리와 즐길 거리가 많기도 하지만 여느 국가의 수도와 마찬가지로 국제적이다. 익숙한 서구식 풍경이 펼쳐지는 그곳에서 민족문화와 만날 가능성은 상대적으로 적다. 러시아를 느끼고 이해하려면, 그리고 러시아 사람들의 장단점을 알고 거기서 펼쳐진 역사의 현장을 온몸으로 느끼려면 역시 러시아 곳곳을 직접 둘러보아야 한다.

여행사의 도움을 받지 않고 여행하기란 쉽지 않다. 하지만 금전적, 일상적 불편을 감내할 수 있다면 훨씬 더 흥미로운 것들을 많이 만나게 된다. 러시아 사람들의 성격을 만들어낸 광활한 대지, 평야를 따라 천천히 흘러가는 너른 강, 궁벽한 시골에 자리 잡은 오래된 수도원, 여유로운 삶이 있는 한적한 지방 도시 등등. 가장 중요하게는 사람을 만날 수 있다. 대도시의 바쁜 사람이 아니라 문화적 정체성을 유지하며 살아가는 러시아인 말이다.

러시아 지방을 여행하는 데 큰 문제 중 하나는 열악한 도로 상황이다. 이는 영토가 넓으면서 기후 조건이 혹독한 나라라면 공통적

으로 겪는 문제이기도 하다. '엉망인 도로 상태가 러시아의 큰 재앙'이라는 말은 이미 19세기 초 러시아의 위대한 시인 알렉산드르 뿌쉬낀의 입에서 나왔다. 지금도 그때에 비해 상황이 별로 나아지지 못했다. 모스끄바 주변으로는 그럭저럭 말끔한 도로가 몇 개 놓였지만 그렇다고 전체 상황이 달라질 정도는 아니다. 러시아에서 가장 중요한 길, 모스끄바에서 상뜨뻬쩨르부르그로 가는 도로조차도 군데군데 통행이 힘들다. 이런 길을 차로 지나려면 대단한 운전 기술이 필요하다.

반면 철도는 한결 사정이 낫다. 러시아에서는 일찍이 19세기 중반, 니꼴라이 1세 시대부터 철로가 놓이기 시작했다. 소련 정부 역시 철도 사업에 특별한 열정을 보였다. 그 결과 거미줄 같은 철도망이 만들어졌다. 기차 여행을 할 때에는 등급이 여러 가지이므로 열차 선택에 신중해야 한다. 최상급 기차는 정확한 시간표에 따라

운행되며 청결하고 따뜻하다. 또한 식당 칸에서 러시아 음식을 먹을 수도 있고 승무원들이 뜨거운 홍차를 가져다 주기도 한다. 기차에서 주는 홍차는 아주 진하고 맛있기로 유명하다.

　마지막으로 러시아 각 도시를 연결하는 비행기도 꽤 발달되어 있다. 국내선 서비스는 국제선보다 다소 떨어지긴 하지만 편안한 여행인 것은 확실하다. 러시아의 거대한 영토를 고려하면 비행기가 유일한 교통편이 되는 경우도 드물지 않다.

　러시아 시골 사람들은 모스끄바 시민에 비해 훨씬 솔직하고 다정하다. 이들은 당신이 혹시 모를 곤란한 처지에 빠지게 되는 경우 당신을 기꺼이 도와줄 것이다. 러시아인들은 아직까지도 주변 사람들을 도우려는 마음을 간직하고 있다. 더욱이 낯선 곳과 맞닥뜨린 외국인과 같이 도움을 절실히 필요로 하는 사람에게라면 그런 마음이 더욱 들 것이다. 그럼에도 불구하고 혼자 하는 여행에서 언어는 절대적으로 중요하다. 지역 주민들의 조언을 이해하고 받아들이지 못한다면 그 사람들이 아무리 친절하고 다정하다 할지라도 곤란한 상황에서 벗어나기란 불가능하다.

호텔

　모스끄바에는 여러 등급의 호텔이 빼곡히 들어서 있다. 서구식으로 꾸며진 세계적인 수준의 호텔들은 유럽이나 미국의 호텔과 시설 면에서 아무런 차이가 없을 정도이다. 다만 호텔 숙박비는 모스끄바가 좀 더 비싸다.

　하지만 낮은 급의 값싼 호텔은 외국인늘에게 문화적 충격을 줄지도 모른다. 이런 숙소에 머무르려면 단단히 각오를 해둘 필요가 있다. 특별한 경험을 위해서가 아니라면 이런 호텔은 권하고 싶지 않다. 금전 상황이 극도로 쪼들려 모스끄바 최저 숙박료인 70불을 내고 호텔에 들어간다면 바퀴벌레가 기어 다니는 지저분한 방을 보게 된다. 탁자는 부서져 있고 유리잔은 깨졌으며 옆방의 취객이 떠들어 대는 소리가 시끄러울 것이다. 욕실, 샤워 부스, 화장실 등의 편의 시설은 기대하지 말라. 머리 위에 지붕이 있고 담요 깔린 침대가 있다는 것으로 만족해야 한다. 모스끄바와 상뜨뻬쩨르부르그라면 아주 값싼 호텔에서나 만나게 되는 이런 방이 지방 도시로 가게 되면 훨씬 흔하다. 아름답긴 하지만 가난한 러시아 중소 도시에 갔다면 호텔 시설이 미흡할 것이라는 각오를 미리 해두는 편이 좋다. 사실 머리 위에 지붕이 있는 것만 해도 고마운 일이 아닌가? 러시아 사람들이 자주 머무르는 중급 정도의 호텔을 기준으로 몇 가지 명심할 점을 살펴보도록 하자.

  호텔을 예약할 때는 러시아 친구나 파트너를 통하는 것이 좋다. 직접 숙박료를 지불하는 경우라면 사전에 기준을 정해 두는 편이 여러모로 무리가 없다. 반면 파트너가 숙박비를 부담하는 상황이라면 까다롭게 굴지 말라. 당신의 요구를 다 만족시킬 만큼 돈이 넉넉지 않을 수도 있으니 말이다. "선물 받은 말의 이빨은 꼼꼼히 살펴보는 법이 아니다."라는 러시아 속담도 있지 않은가.

  러시아에서 가격과 품질은 상응하지 않을 수도 있다는 점을 기

억하라. 러시아의 호텔 숙박비는 유럽이나 미국에 비해 비싼 편이지만 객실 상황은 한층 열악하다. 숙박비만 보고는 멋진 객실을 기대하겠지만 늘 제대로 작동하지 않는 부분(예를 들면 샤워기 등)이 있기 마련이다. 시설이 너무 낡아 실망할 수도 있다. 관광 진흥을 위해 정부 차원에서 막대한 투자가 이루어졌던 1970년대에 들여놓은 가구를 지금까지 그대로 사용하는 곳도 적지 않다. 옷장 손잡이가 떨어졌거나 수도꼭지가 망가졌다 해도 놀라지 마라. 이선 관리 소홀의 문제라기보다는 경제난 때문이다.

시골 호텔로 가면 소련 시대의 엄격한 관행이 여전히 지켜지고 있다. 투숙할 때는 누구나 여권을 제시해야 한다. 숙박비를 선불로 계산해야 하는 곳도 드물지 않다. 성씨가 다른 남녀가 시골 호텔의 한방에 투숙하는 경우 곤란을 겪기도 한다. '부적절한 행위'를 적발

하기 위해 경찰이 출동하는 일은 더 이상 없지만 현지의 고지식한 아주머니 당직 근무자들은 혀를 끌끌 차며 못마땅한 시선을 보낼 것이다.

　호텔에 머물게 되면 '투숙객 카드'라는 것을 받게 된다. 이 카드는 호텔 출입증의 역할을 한다. 이 카드를 방에 두고 나오면 다시 호텔에 들어갈 때 한참 입씨름을 벌여야 할지도 모른다. 한눈에 외국인임이 드러나는 외모가 아니라면 말이다. 이는 매춘부나 좀도둑 등 반갑지 않은 사람들이 호텔에 들어오지 못하도록 하려는 조치이니 너무 거부감을 갖지는 말아. 결국 투숙객들을 위한 안전장치인 것이다.

　체크아웃을 할 때는 방 검사를 받아야 한다. 청소 담당 직원이 객실 상태를 점검하는 것이다. 대도시에서는 이미 사라진 관습이지만 지방에서는 낡은 유리컵이나 더러운 수건 등이 모두 제자리에 있는지 꼼꼼히 확인한다. 이런 과정을 기분 나쁘게 생각할 필요는 없다. 무언가 하나라도 분실되면 담당 직원이 몇 푼 안 되는 자기 월급에서 변상해야 하기 때문이다. 유리컵을 옆의 동료 방에 놓아두었다면 복잡하게 설명할 필요 없이 얼른 다시 가져오면 된다. 깨뜨리거나 잃어버렸다면 물론 변상해야 한다.

호텔 직원이라고 해서 다들 영어를 구사하지는 못한다. 간단한 러시아어 표현을 익혀 사용하는 게 좋다. 물론 주변 사람들의 도움을 받을 수 있다면 언어 문제로 애먹는 일이 없을 것이다.

중급 호텔에서는 룸서비스가 극히 제한적이다. 차를 마실 수 있는 뜨거운 물주전자를 가져다 주는 것이 고작이다. 휴대용 다리미를 가져오지 않았다면 다림질이 문제될 수 있다. 모스끄바 시내의 중급 호텔들은 대부분 객실 내 세탁을 금지하고 있다. 호텔 세탁소에 맡기면 요금에 따라 다르지만 대략 2~7일이 걸린다. 모스끄바나 뻬쩨르부르그와 같은 대도시에서는 호텔 외부의 세탁소에 출장 서비스를 부탁할 수도 있는데 가격은 좀 더 비싸다. 또 세탁소 영업시간인 10~18시 사이에 언제 세탁물을 가져다 줄지 모르기 때문에 하루 종일 방에서 기다려야 한다는 단점이 있다.

이런 중급 호텔에서는 식사 역시 중간 정도 수준이다. 너 값싸고 맛있는 것을 먹고 싶다면 시내로 나가도록 하라. 가격이나 질보다 편안한 게 좋다면 호텔에서 식사를 해결하면 된다. 소도시의 경우라면 호텔 식당이 시내에서 가장 훌륭할 수도 있다.

호텔 수도꼭지에서 나오는 물은 마시지 않는 편이 좋다. 병에 담긴 광천수는 사방에서 팔고 있으니 얼마든지 사서 마실 수 있다.

그렇다고 급할 때 수돗물을 못 마시고 참을 것까지는 없다. 수돗물 때문에 병이 생길 정도는 아니니까 말이다.

  호텔의 당직 근무자에 대해서도 사전 지식이 필요하다. 매 층마다 한 명씩 앉아 열쇠를 관리하고 뜨거운 물주전자도 가져다 주는 중년의 아주머니와 좋은 관계를 맺어 두면 서구의 호텔에서보다 오히려 더 편하게 지낼 수 있다. 이 아주머니가 바쁠 때는 건드리지 말라. 화장실에 가거나 동료들과 차를 마시려고 자리를 비웠을 것이다. 지구의 운명을 논의하는 듯(실제로는 손자의 학교생활에 대해 이야기할 뿐이겠지만) 진지한 표정으로 전화통을 붙잡고 있을 때에는 도움을 청하지 않는 것이 현명하다. 아주머니의 본체만체하는 태도에 상처받지는 말라. 러시아의 서비스업 종사자들은 그런 행동의 자유를 통해 열악한 근무 상황을 보상받고 있기 때문이다. 보수는 형편없지만 해고당할 걱정은 별로 없는(그런 보수를 받고 오겠다는 사람이 적으니 말이다) 자리이다. 여러 가지 상황 때문에 어쩔 수 없이 호텔 직원으로 일하게 된 고학력 여성들도 적지 않다. 이런 아주머니들에게는 "소련에는 특유의 오만함이 있어 부르주아를 멸시하네."라는 시 구절이 딱 들어맞는다.

  필요하다면 작은 선물로 관심을 표현하라. 상대를 존중한다는 의사를 전달하는 것이다. 러시아어 구사가 가능하다면 얼마간 시간을 내어 이야기를 나누어라. 특히 하소연을 들어 주는 것이 중요하다. 하소연을 들어 주고 공감을 표현하는 것은 러시아 사람에게 아주 큰 의미이다. 그 효과는 예상을 뛰어넘는다. 러시아에 대해 책을 쓴 어느 미국인은 1990년대 초에 호텔에서 겪은 일을 기록했다. 처음에는 자기를 거들떠보지도 않던 아주머니가 공감 어린 대화를 나눈 후에는 뜨거운 차를 가져다 주고 자기 식사를 나눠 주는가 하면 심지어 술까지 한잔 대접했다고 한다.

정리해 보자. 러시아의 호텔에 묵으려 한다면 투숙 경험이 있는 지인의 추천이나 파트너의 조언을 따르는 게 좋다. 중급 호텔의 시설이나 조건은 유럽 혹은 미국 호텔과 차이가 날 테니 너무 많은 것을 기대하지는 말라. 무언가 고장 나 작동하지 않더라도 러시아의 경제 상황을 감안해 이해해 달라. 러시아의 안락함이린 서구와는 다른 의미라는 점을 기억하라. 깨끗하고 따뜻하고 물기 없이 마른 상태라면 그것만으로 러시아 여행객들은 충분히 만족한다. 화를 내거나 불평하며 무언가 요구하기 전에 침착하게 상황을 파악하라. 모스끄바에서는 여름철 한 달 동안 호텔에서 온수를 공급할 수 없다(자가 급탕 체계를 갖춘 최고급의 비싼 호텔이라면 예외이다). 이를 두고 화를 내 봤자 당신과 주변 사람들 마음만 상할 뿐 얻을 것은 없다. 한 달 이상 장기 체류할 예정이라면 호텔보다 아파트를 빌리는 편이 더 싸고 편하며 자유로울 것이다. 러시아에서는 호텔 방으로 손님을 초대하는 일이 드물다. 아파트를 세낸다면 사업 파트너나 친구들을 초대하기가 훨씬 좋다.

모스끄바의 택시와 렌터카

모스끄바에서는 택시를 전화로 부르는 것이 안전하다. 물론 값이 비싸고 시간이 좀 걸린다는 단점은 있다. 오늘날 모스끄바에는 개인이 운영하는 택시 회사들이 퍽 많다. 호텔에 부탁하면 전화번호를 얻을 수 있고 전화번호부를 뒤지거나 친구에게 부탁해도 된다. 길거리에서 손짓으로 택시를 잡는 경우도 많은데 그러면 '차스닉(частник, chastnik)'이라 불리는 자가용 택시를 만날 가능성이 높다. 자가용 소유자들이 한가한 시간에 혹은 퇴근하면서 손님을 태워 부수입을 올리는 것이다. 방향이 맞지 않으면 태워 주지 않으며 미리 요금을 흥정해야 한다. 이런 자가용 택시는 완전히 안전하다고 할 수 없지만 그래도 모스끄바 사람들이 익숙하게 이용하는 교통수단이다. 진짜 택시에 비해 가격도 1/3 정도로 저렴하고 택시를 부른 후 기다리는 번거로움도 없기 때문이다. 다만 한밤중이나 술 취한 상태일 때, 또 운전사 외에 다른 사람이 타고 있는 자가용은 타지 않는 편이 좋다. 내가 읽어본 어느 여행 안내서에는 외국 담배 한 갑만 주면 모스끄바 시내 끝에서 다른 끝까지 택시로 갈 수 있다고 나와 있었다. 한때 그런 시절이 있었던 건 사실이지만 오늘날에는 담배 한 갑으로 갈 수 있는 거리는 얼마 안 된다. 택시비는 현금으로 지불하라. 달러보다는 루블이 유리하다.

 자동차 렌트는 여느 대도시와 마찬가지로 모스끄바에서도 얼마든지 가능하다. 웬만한 다국적 렌터카 업체는 모두 들어와 있다. 하지만 모스끄바 시내 운전은 만만치 않다. 교통신호를 잘 지키지 않는 운전자들이 많다. 속도위반은 특히 흔하다. 길을 양보하는 차도 거의 없다. 여기에 모스끄바 도심의 교통 정체나 주기적으로 일어나는 휘발유 부족 사태까지 고려하면 자동차 렌트가 최선의 선택은 아닐 것 같다. 물론 복잡한 나폴리 도로나 뉴욕 시내의 정체에 익숙한 사람이라면 모스끄바에서의 운전도 별 것 아니라 여길 수 있다.

  모스끄바는 워낙 볼 것도, 할 것도 많은 곳이기 때문에 시간이 남아돌 걱정은 할 필요가 없다. 고대 러시아 종교 중심지의 모습부터 초현대 도시의 모습까지 여러 얼굴을 가진 도시가 모스끄바다. 지적 호기심이 넘치는 사람이든, 흥미진진한 오락거리를 찾는 사람이든 마음에 드는 곳을 문제없이 찾아낼 수 있을 것이다.

모스끄바에서 주의해야 하는 몇 가지

먼저 도시의 범죄와 안전 문제부터 짚어 보자. 서구 비즈니스맨들은 모스끄바 땅에 첫 발을 내디디면서 이미 표정이 어두워지곤 한다. 러시아 마피아와 범죄자, 무질서 등에 대해 온갖 소문을 들은 탓이다. 사실 30년 전의 모스끄바와 비교해 본다면 오늘날 치안 상황은 훨씬 악화되었다. 하지만 세계의 다른 대도시와 비교한다면 별다를 것도 없다. 인구밀도가 높은 도시들은 다들 비슷한 문제를 안고 있으니 말이다.

범죄 예방을 위해 강조되는 여러 주의 사항은 사실 뉴욕이나 로스앤젤레스, 파리 등에서도 통하는 것들이다. 길거리에서 만난 사람과 너무 친하게 말을 주고받거나 호텔 방으로 데려오지 말 것, 밤늦게 술 취한 모습으로 거리를 돌아다니지 말 것, 현금으로 두둑한 지갑을 과시하지 말 것 등등. 나는 1990년에 처음으로 해외여행을 했다. 그리고 영국 런던의 어느 시장에서 소매치기를 당했다. 얼마 되지도 않는 내 돈을 너무도 능숙하게 빼내갔던 것이다. 하지만 그 일로 런던에 대한 인상을 망치지는 않았다. 그저 사람 사는 세상은 어디나 똑같다는 생각을 했을 뿐이다.

그렇다, 모스끄바에도 도둑과 범죄자가 있다. 문제도 많고 골치 아픈 상황도 자주 벌어진다. 하지만 그런 문제들은 항상 그리고 어디에나 있어 왔다. 사람들은 그렇게 살아간다. 러시아 사람에게는 낯설고 새로운 문제들, 예를 들어 실업이나 노숙자, 의료비나 교육비 등은 서구인들에게 이미 익숙한 것이다. 괜한 걱정을 하면서 모스끄바를 돌아다니지는 말라. "걱정하는 그 일은 틀림없이 일어난다."라는 러시아 속담도 있으니 말이다.

모스끄바에서 특히 신경 써야 하는 몇 가지는 다음과 같다.

도로를 건널 때 주의하라. 서구나 미국 운전자들과 달리 러시아 운전자들은 자동차가 행인보다 우선권을 가진다고 생각한다. 노란

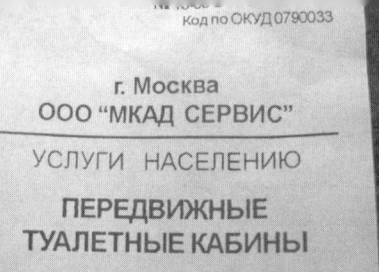

불일 때도 차가 멈추지 않으니 주의해야 한다. 심지어는 보행 신호일 때에도 거침없이 좌회전 혹은 우회전하는 차들이 행인을 덮칠 수 있다.

길거리에서 환전하지 말라. 길거리 환전상이 환율을 더 유리하게 계산해 주지만 속아 넘어갈 위험도 크다. 호텔이나 은행, 공식 환전소를 이용하는 편이 안전하다. 길거리 노점상들도 조심해야 한다. 특히 음료수나 술은 값을 좀 더 주더라도 믿을 만한 큰 상점에서 사도록 하라.

모스끄바 시내에서는 공공 화장실을 찾기가 쉽지 않다. 공공 화장실 자체가 별로 없다. 식당, 카페, 박물관, 극장 등 공공시설의 화장실은 이용객에게만 개방된다. 그러니 미리미리 이런 곳에서 화장실을 이용해 두는 것이 좋다.

공공 안내판이나 상점 안내문을 덮어놓고 믿지 말라. '흡연 금지'

라는 안내판이 있다고 해서 절대로 담배를 못 피운다는 뜻은 아니다. '24시간 영업'이라고 쓰여 있다고 해서 언제든 문이 열려 있을 것이라고 생각해서는 안 된다. 어디서든 물어보고 확인하는 것이 곤란에 빠지지 않는 방법이다.

이런 몇 가지 일상의 불편은 있지만 모스끄바는 역시 러시아의 문화적 중심지이다. 시간이 나면 관광지나 박물관을 꼭 들러 보도록 하라.

모스끄바에서 들러야 할 곳들

모스끄바에는 미술관과 박물관이 넘칠 정도로 많다. 여러 곳에서 러시아 전통의 빼어난 미술 작품, 최신 현대미술 작품, 유명한 해외 작가들의 작품, 러시아 역사 유물 등을 감상할 수 있다. 저명한 작가나 학자, 역사적 인물의 삶을 보여 주는 박물관도 흥미롭다. 누구든 취향에 맞는 곳을 골라 찾아가면 된다.

외국인 손님들은 모스끄바의 극장 공연에도 큰 관심을 보인다. 뻬레스뜨로이까 이전까지 공연은 러시아인들 모두가 향유하는 문화였다. 이후 경제 위기로 서민과 멀어졌던 공연은 다시금 그 거리를 좁혀 나가는 중이다.

　모스끄바 목욕탕을 가보는 것도 권할 만하다. 러시아인의 삶에서 목욕은 아주 중요한 부분이다. 시골에서는 지금까지도 목욕탕이 유일한 위생 수단이다시피 하다. 대도시의 목욕탕은 휴식과 놀이 공간의 역할을 동시에 담당한다. 러시아 목욕탕은 스칸디나비아식 사우나와는 다르다(물론 최근에는 사우나도 많이 일반화되었다). 돌로 만든 난로, 증기, 증기 속에서 몸을 때려 마사지 효과를 내는 자작나무 가지, 증기탕과 얼음 냉탕 사이의 왕복 등이 러시아 목욕탕의 큰 특징이다. 모스끄바의 유서 깊은 목욕탕을 찾아가는 것은 잊지 못할 흥미로운 문화적 체험이다.

　모스끄바의 시장은 시민들의 일상에 큰 역할을 하고 있다. 특별히 식료품을 살 필요가 없다 해도 시장은 들러볼 만하다. 그러면 러시아에서 생산되는 먹거리를 구경할 수 있다. 이런 시장은 모스끄바 곳곳에, 그리고 각 도시마다 자리 잡고 있

다. 중소 도시의 시장은 더욱 흥미진진하다. 러시아 전통 시장은 직접 기르고 만든 농산물이나 식료품을 들고 나와 판매하는 곳이다. 값싼 공산품을 파는 벼룩시장이나 세계 각지의 식료품을 들여와 파는 도매 시장과는 혼동하지 않기 바란다.

모스끄바에서 사야 할 것

오늘날 러시아 상점은 서구의 값비싼 명품, 값싼 수입 소비재, 그리고 러시아 고유의 상품이 혼합된 독특한 형태이다. 특히 모스끄바에는 서구의 고급 부티크부터 재래 상점까지 온갖 가게들이 넘쳐 난다.

러시아에서 사야 할 물건은 우선 기념품이다. 이제는 세계 각지에서 러시아 기념품을 구입할 수 있는 시대지만 그래도 가장 좋은 물건을 싼 값에 사려면 러시아 현지가 최고이다. 게다가 똑같아 보이는 가짜 물건도 많지 않은가. 이런 가짜는 값은 쌀지 몰라도 오리지널 예술품에는 한참

못 미친다. 진품의 바닥을 보면 상표와 함께 만든 사람 이름이 쓰여 있다. 러시아의 독특한 민속 예술품을 찾는다면 우선 옻칠한 보석함이 있다. 빨레흐, 므스쬬라, 페도스끼노에서 만들어진 제품이 유명하다. 러시아 전설이나 역사적 사건, 문학 작품 속의 인물들이 검은 바탕 위에 생생하게 그려져 있다. 아주 작은 보석함도 인기가 있는데 작을수록 값이 비싸고 귀한 대접을 받는다.

  푸른색과 흰색이 어우러진 아름다운 도자기도 유명하다. 화려한 색의 꽃이나 과일 그림이 그려진 검은색 나무 식기 호흘로마(Хохлома, Khokhloma)도 있다. 검은 바탕에 화려한 꽃무늬가 들어간 숄 역시 러시아의 특징적인 기념품이다. 죠스또보 지역에서 만들어지는 과일 무늬 혹은 꽃무늬 쟁반은 세계적으로 유명하다. 아름다운 크리스탈 제품은 예전과 마찬가지로 구스-흐루스딸느이

　시(市)의 공장에서, 정교한 도자기는 레닌그라쯔끼 자기 공장에서 생산된다. 자수 제품은 깔루가의 따루스 등지에서 생산된다.

　인형 속에 인형이 들어가는 마뜨료쉬까(Матрешка, Matrjeshka), 보드까, 모피 등도 전통적인 러시아 기념품이다. 마뜨료쉬까는 여러 나라에서 팔고 있지만 러시아에서 생산되는 것이 가장 다채롭다. 보드까는 모스끄바의 전문 상점에서 사야 가장 품질이 좋다.

　모스끄바에서 살 수 있는 선물 중에는 예술 관련 서적도 있다. 특히 러시아 예술 도서는 질 좋고 저렴하다. 악보나 민속 악기도 흥미로운 기념품이다. 모스끄바에서는 예술품 구입도 가능하다. 돈이 궁한 가족이 대대로 소장해 왔던, 값을 매기기도 어려울 만큼 귀한 작품을 내다 팔기 때문이다.

　마지막으로 금은 세공 제품도 있다. 우랄에서 나는 천연 보석도 인기이다. 모스끄바 상점에는 다채로운 형태의 보석 세공품들이

다양한 가격대로 손님을 기다리고 있다. 각 지역 특산품들은 현지 도시로 가면 값이 더 싸다. 산지에 가까울수록 값이 싸지는 것은 당연한 일이니 말이다.

모스끄바의 관광지 소개

모스끄바의 관광지는 퍽 다양할 뿐만 아니라 그 수도 헤아릴 수 없을 정도다. 여기서는 가장 중요한 몇 가지만 소개하도록 하겠다.

모스끄바가 러시아의 심장이라면 끄레믈(Кремль, Kreml')은 모스끄바의 심장이다. 모스끄바에 대한 최초의 기록은 1147년으로 거슬러 올라간다. 러시아의 고대 연대기에 따르면 바로 그해에 유리 돌고루끼 대공이 연회를 베풀었다고 한다. 모스끄바 최초의 마을은 현재 끄레믈이 있는 바로 그 자리에 만들어졌고 1156년에는 나무 성벽이 세워졌다. 오늘날 우리가 볼 수 있는 성벽은 15~17세기에 이탈리아 건축가들이 쌓은 것이다.

끄레믈의 수많은 관광지 가운데 가장 중요한 것을 하나만 꼽자면 단연 우스뻰스끼 성당(1497년)일 것이다. 대대로 러시아 짜르들의 대관식이 치러진 장소이자 성직자들의 시신이 안치된 곳이다. 끄레믈 안에는 무기고와 다이아몬드 박물관도 자리 잡고 있다. 이는 런던 탑의 주얼리 하우스와 비교되곤 하지만 전시품의 범위나 가치로 볼 때 끄레믈 쪽이 단연 월등하다. 모스끄바를 방문한 관광객이라면 이 두 곳은 꼭 들러봐야 할 것이다.

끄레믈에는 6천 명 이상을 수용할 수 있는 대회 궁전도 있다. 공산당 대회를 위해 1961년에 지어진 곳이다. 지금은 이곳에서 거의 매일 음악회나 발레 공연이 열린다.

이 밖에도 끄레믈에는 1586년에 주조되었지만 한번도 포탄을 발사한 적 없는 거대한 대포(황제 대포), 역시 한번도 울린 적 없는 높이 6m의 거대한 종(1735년) 등 구경거리가 많다.

모든 외국인들이 모스끄바라고 하면 붉은 광장부터 떠올린다. '붉은'이라는 단어 때문에 소련 통치 시절을 연상하기도 하는데 실상 이 명칭은 훨씬 역사가 깊다. '붉은색'을 의미하는 러시아어인 '끄라스느이(красный, krasnyj)'는 고대 러시아어에서 아름다움을 뜻했던 것이다. 광장 한쪽 끝에는 성 바실리 성당이 서있다. 러시아의 상징이 되다시피 한 색색의 양파지붕 성당이다. 까잔 정복을 기념해 1555~1560년에 건축된 이 성당은 당시 통치자 이반 뇌제의 마음에 쏙 들었고 그는 건축가가 두 번 다시 그런 건물을 짓지 못하도록 장님으로 만들어 버렸다고 한다. 이 건물의 절충주의 양식에 대해서는 의견이 분분하지만 러시아인이나 외국인 모두에게 반드시 가봐야 할 관광지인 것은 확실하다.

 붉은 광장에는 레닌 묘도 있다. 최근까지 참배객들로 넘쳐 나던 이 묘는 이제 논란에 휩싸여 있다. 지금처럼 놓아두어야 할지, 러시아 정교회 관습에 따라 안식을 주어야 할지에 대한 논란이다.

 레닌 묘 뒤로 끄레믈 성벽을 따라 소련 시절의 유명 인사들이 묻혀 있다. 스딸린 등 소련 통치자들, 주꼬프와 같은 장군들, 최초의 우주 비행사 유리 가가린 등이다. 『세계를 뒤흔든 열흘』이라는 책을 쓴 미국 기자 존 리드도 유일한 미국인으로 한 자리를 차지한다. 그는 레닌의 막역한 친구로 미국 공산당을 창당하기도 했다.

 붉은 광장에서 보이는 시계탑은 끄레믈의 스빠스까야 탑이다. 그 시계는 정확한 모스끄바 시간을 가리킨다. 끄레믈 성벽과 마주보며 붉은 광장을 둘러싼 긴 건물은 굼 백화점(ГУМ, GUM)이다.

1890년대에 세워진 이 백화점에는 이제 서구 상점들이 빼곡하다. 건축 애호가라면 관심을 가질 만한 독특한 형태의 건물이다.

　최근에는 1930년대에 파괴되었던 건축물, 예를 들어 까잔 성당과 이베르스까야 문 등이 복원되었다. 이베르스까야 문의 작은 기도소에는 모스끄바의 주요 성인 중 한 사람인 이베리아 성모의 성상화가 모셔져 있다.

　끄레믈 담장 옆으로는 알렉산드르 정원이 펼쳐진다. 19세기 초, 모스끄바 강으로 흘러드는 네글린까 강을 지하 수로로 만든 후 그 위에 조성한 정원이다. 이 정원은 관광객뿐 아니라 모스끄비치들도 즐겨 찾는 산책 장소인 만큼 늘 붐빈다. 붉은 광장 쪽 출입구 옆에는 러시아에서 대(大)조국 전쟁이라 부르는 제2차 세계대전의 무명용사를 기념하는 묘지가 있다. 이 묘지에는 '영원히 꺼지지 않는 불'이 타오르고 있는데 혼인신고를 막 마친 신혼부부들이 찾아와 참배하는 것이 전통이다. 흰 드레스를 입은 신부, 양복을 차려 입은 신랑, 형형색색으로 멋을 낸 하객들은 그 자체로 볼거리이다.

　역사와 건축에 관심이 있는 사람이라면 노보제비치 수도원을 찾아가야 한다. 1524년, 도심에서 멀지 않은 경치 좋은 강변에 세워진 이 여자 수도원은 고귀한 신분의 은둔자들이 바치는 재원 덕분에 수세기 동안 부를 축적했다. 황실의 과부나 처녀들이 속세를 떠나 이곳에 몸을 의탁했던 것이다. 이 수도원의 건축은 조화로움과 정교함, 그리고 아름다움으로 유명하다. 수도원 옆에 붙은 묘지에는 작가 고골과 체홉, 불가꼬프, 작곡가 쁘로꼬피예프, 연극 연출가 스따니슬랍스끼, 소련 정치 지도자 흐루쇼프 등 러시아 역사를 장식했던 수많은 인물들이 영면해 있다. 끄레믈 성벽 다음가는 유명 인사 묘지라 할만하다.

이전 시대의 분위기를 느끼고 싶다면 꾸스꼬보 저택 박물관을 추천한다. 명문 귀족 가문인 셰레메찌예보의 저택이었던 곳이다. 건물은 안팎 모두 보존이 잘 되어 있다. 셰레메찌예보 백작이 영지의 여배우와 결혼했다는 점도 낭만적인 분위기를 더해 준다. 날씨가 좋다면 저택을 둘러싼 멋진 정원을 산책하며 잊지 못할 경험을 만들 수 있다.

박물관 중에서 가장 먼저 가봐야 하는 곳은 뜨레찌야꼬프 미술관이다. 러시아와 소련의 미술 작품들이 소장되어 있다. 프랑스 인상주의나 후기 인상주의를 좋아하는 사람이라면 '뿌쉬낀 조형 예술 미술관'을 둘러보아야 한다. 이 미술관의 인상주의 소장품은 세계 최대 규모이다. 문학 박물관 중에서는 위대한 러시아 작가 레프

똘스또이의 자택 박물관이 가장 인기가 있다. 『전쟁과 평화』, 『안나 까레니나』 등을 쓴 바로 그 작가이다.

모스끄바 지하철은 그 자체가 관광지 역할을 한다. 이제는 예전처럼 깨끗하고 반짝거리지는 않지만 대리석 장식, 모자이크, 석고상, 조각품 등은 여전히 볼 만한 구경거리이다. 최초의 지하철 노선은 '소꼴니끼(Сокольники, Sokol'niki)'와 '빠르끄 꿀뚜르이(Парк культуры, Park kul'tury)' 역을 연결하는 것으로 1935년에 완공되었다. 여러 역 중에서도 꼼소몰스까야(Комсомольская, Komsomol'skaya), 찌아뜨랄나야(Театральная, Teatral'naya), 마야꼽스까야(Маяковская, Mayakovskaya), 끼옙스까야(Киевская, Kievskaya) 역을 둘러보기를 권한다. 러시아 지하철의 출퇴근 혼잡 시간은 아침 10시까지, 그리고 오후 4시 이후이다. 역을 찬찬히 둘러보고 싶다면 이 시간은 피하도록 하라.

모스끄바를 찾는 외국인들은 아르바뜨 거리도 빼놓지 않는다. 오래된 건물들이 늘어서고 수많은 상점, 노점, 음악가와 화가들로 채워진 곳이다. 늘 사람이 많고 말소리, 음악 소리로 시끌시끌해 삶의 활기를 느낄 수 있다.

모스끄바 공원 가운데는 '소꼴니끼' 공원이 추천할 만하다. 혼자

조용히 걸으며 신선한 공기를 마실 수 있고 러시아의 밀전병 블리느이와 꼬치구이 샤쉴르익도 맛볼 수 있다. 원한다면 공원 중심부로 가서 회전목마나 야외 춤판 등을 즐겨도 좋다.

참새언덕(몇 년 전까지는 레닌 언덕이라고도 불렸다)에 올라가면 모스끄바 풍경이 펼쳐진다. 1980년 모스끄바 올림픽이 열렸던 스타디움이 코앞이고 뒤로는 모스끄바 국립대학이 서있다. 국립대학 건물은 스딸린 양식이라 부르는 거대하고 웅장한 모습으로 보는 사람을 압도한다.

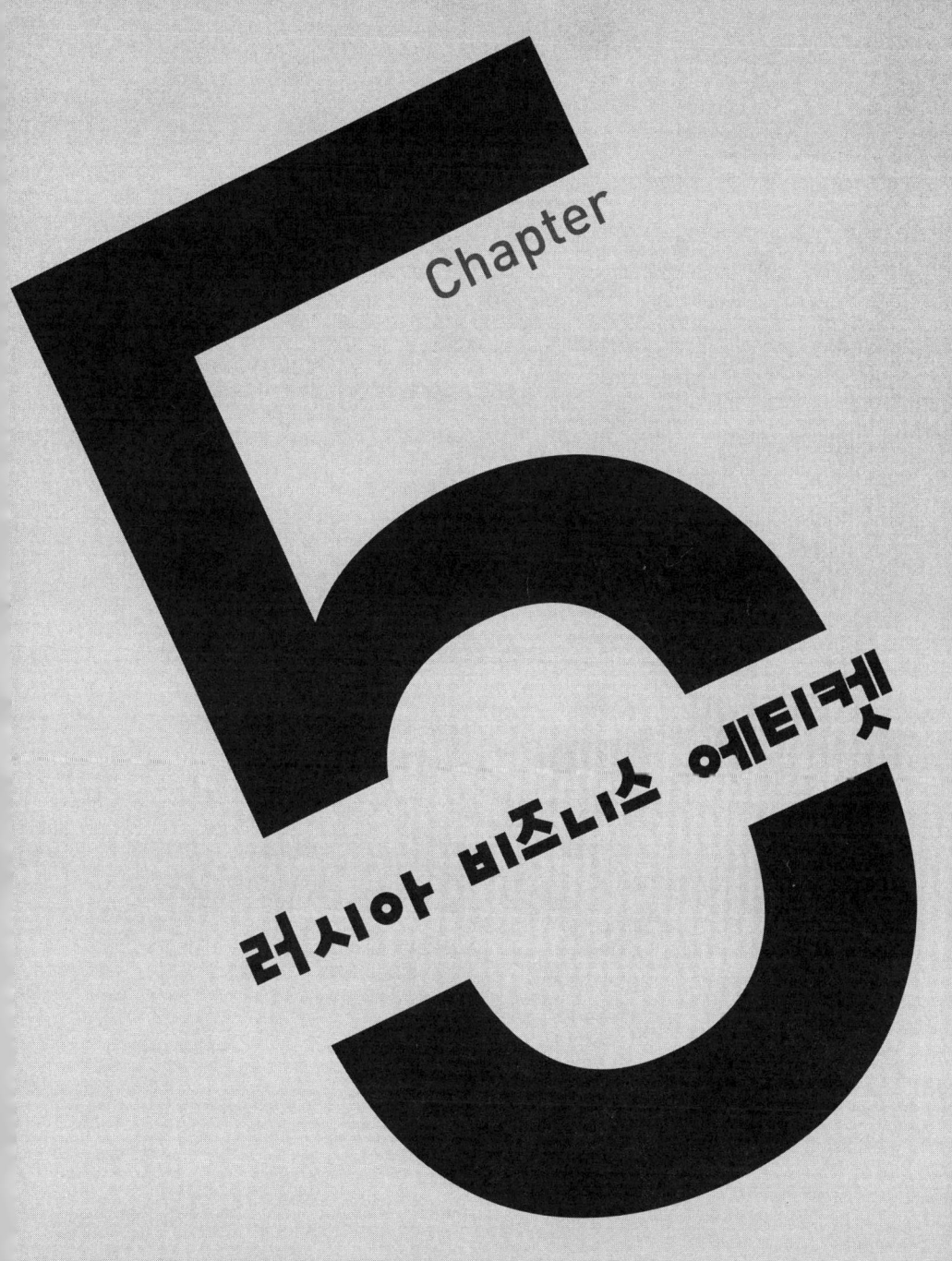

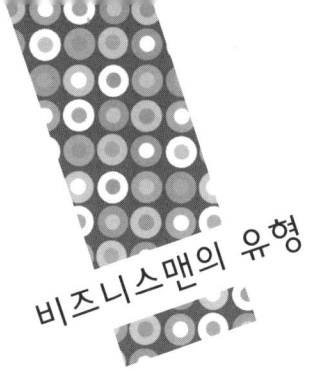

비즈니스맨의 유형

러시아에서 '러시아 비즈니스맨'이란 비교적 새로운 개념이다. 1917년 혁명 전까지는 기업가로, 소련 시절에는 '자본주의의 공범자'로 불리다가, 뻬레스뜨로이까 이후에 서구의 '비즈니스맨'이란 용어가 들어와 러시아어에 자리를 잡았다. '비즈니스맨'이라는 새로운 명칭은 그에 걸맞게 새로운 형식과 내용을 지닌다. 오늘날 외국인이 자주 접하게 되는 러시아 비즈니스맨은 몇 가지 유형으로 나눌 수 있다.

먼저, 모든 유형의 비즈니스맨에서 흔히 접할 수 있는 '노브이 루스끼'('새로운 러시아인'이라는 뜻)'에 관해 몇 마디 언급할 필요가 있다. '노브이 루스끼'의 중요한 특징 중 하나는 바로 돈이 아주 많다는 점이다. '명예로운' 지위를 획득하는 데 얼마나 많은 돈이 있어야 하는가는 상황에 따라 다르다. 최신형 벤츠, 모스끄바 근교 루블룝스끼 지역의 대저택, 지중해의 빌라를 소유해야 하는 경우도 있지만, 중고 오펠 자동차에 유럽풍으로 리모델링한 아파트, 값비싼 축제용 보드까 한 박스만 있어도 충분한 경우가 있다. 중요한 것은 자신이 부자라는 느낌, 그리고 그것을 주변에 과시하려는 열망이다. '노브이 루스끼'는 급작스레 나타났다가는 어느 날 갑자기 사라지곤 한다.

 러시아의 '노브이 루스끼'는 처음에는 오직 분노와 적대감의 대상이었다. '저 사람들은 뭐라고 저렇게 돈을 흥청망청 쓰는 걸까? 도대체 뭘 했다고?'하고 생각하기 일쑤였다. 하지만 이제는 그런 입장이 변하고 있다. 익숙해졌거나('존재한다는 건 다 필요하다는 뜻이지.') 동정하는 것이다('가엾은 사람들…… 지금 잠깐 신나게 산 후에는 파산하거나 살해당하겠지.'). 러시아 민중은 인내심이 있고 인정이 깊다.

 '노브이 루스끼'에 관한 관심은 숱한 재미있는 이야기를 낳았다. 노브이 루스끼의 특성을 그 무엇보다 잘 보여 주는 이 우스갯소리들은 러시아에서 선풍적인 인기를 끌었다. 그 중 몇 가지를 살펴보자.

의미 없는 낭비

자동차 매장에서 노브이 루스끼 두 사람이 만난다. 한 사람이 '벤츠-600'을 산다. 다른 이가 그에게 묻는다

"자네, 일주일 전에 이 차를 사지 않았는가. 벌써 고장이라도 난 거야?"

"그게 아니라, 재떨이가 가득 차서."

무지몽매함

노브이 루스끼가 레고 집짓기 장난감을 구매한 후, 친구에게 자랑을 늘어놓는다

"이것 좀 보게나, 여기에 2~4년이라고 써있는네, 난 3개월 만에 조립을 끝냈다네"

과시욕, 모든 면에서 모두를 앞서 가려는 욕망

두 명의 노브이 루스끼가 만난다. 한 사람이 다른 사람에게 자랑한다.

"이봐, 나는 오늘 천 달러에 이 넥타이를 샀다네."

그러자 다른 사람이 말했다.

"바보 같으니라고! 바로 옆 가게에서는 똑같은 넥타이를 천오백 달러에 판다고!"

서구에서는 종종 모든 러시아 비즈니스맨을 '노브이 루스끼'라고 부르지만 러시아에서 '노브이 루스끼'란 이렇듯 사업보다는 경박한 돈 자랑에 빠져 순식간에 모든 것을 낭비해 버리는 이들에 대한 무시와 경멸이 섞인 별칭이자 바보스러운 우스갯소리의 대상으로 받아들여진다.

한편 '건실한' 러시아 비즈니스맨은 몇 가지 그룹으로 나뉜다. 첫 번째 그룹은 러시아 명문 학교에서 고등교육을 받은 엘리트들로 물질적 필요 때문에 혹은 새로운 환경에서 자아를 실현하고자 사업을 하는 비즈니스맨들이다. 외국인들과도 쉽게 교류한다. 러시아 엘리트들은 외국어를 구사하고, 문학, 신문, '미국의 소리(Voice of America)' 같은 방송 및 서구의 영화를 통해 세상을 잘 알고 있다. 이런 비즈니스맨들과 알고 지내는 것은 언제나 유익하다. 러시아의 교육은 비록 돈벌이와 바로 연결되진 못할지라도 여전히 훌륭하기 때문이다. 교육을 잘 받은 사람들은 인적 네트워크가 좋고 주변 사람들로부터 존경을 받는다. 언제나 유익한 조언을 해줄 수 있을 뿐 아니라 이러저러한 상황에 어떻게 대처할 것인지에 대해 살짝 귀띔해 줄 수도 있다.

두 번째 그룹은 소련 시절에 행정, 당, 조직 업무 등을 통해 많은 경험을 쌓은 후 역사적 전환기에 새로운 삶의 길을 개척해 능력을 발휘하게 된 비즈니스맨들이다. 이미 '산전수전' 다 겪은 만큼 이들은 매우 조심스럽게 협상을 진행한다. 이들의 생각과 행동을 가늠하고 추측하기란 외국인들 뿐 아니라 러시아인들에게도 쉽지 않다. 이 비즈니스맨들은 방대한 네트워크를 자랑하며 아직도 네트워크가 중요한 러시아에서 대단한 영향력을 발휘한다. 과거에는 프랑스 구두나 볼쇼이 극장표를 구할 때 필요했던 네트워크가 이제는 회사를 설립하고 법망을 피하며 협상을 성사시키는 데 활용되는 것이다.

이들은 사소한 일로 상대방을 속이지 않는다. 오랜 세월에 걸쳐 만들어진 나름의 행동 규칙 때문이다. 규모가 큰 일에서는 술수를 쓴다 해도 '명성이 다른 무엇보다 중요하다'고 보기 때문에 사소한 일에 위험을 감수하지 않는다. 오래전부터 러시아에서는 대규모 사기를 긍정적인 능력이라고 보았다. 일찍이 17세기에 러시아를 여행한 외국인 여행자의 기록을 보자. "모스끄바의 상인들이 네덜란드 상인에게 무역 거래를 하자고 제안했다. 그 네덜란드 상인은 이전에 모스끄바 상인들을 속여 막대한 손해를 입힌 인물이었다. 하지만 모스끄바 상인들은 속아 넘어갔다는 사실에 화를 내기보다는 오히려 네덜란드인의 술수에 대한 존경심과 그 능력을 배우려는 열망에 불타는 듯했다."

세 번째 그룹은 서구식 협상 스타일에 익숙하고 새로운 관행을 쉽게 받아들이는 젊은 비즈니스맨들이다. 이들과 거래하는 것은 가장 쉽다. '노년층'보다 외국어를 잘 구사하고 사업을 신속하게 진행하기 때문이다. 겉모습, 태도뿐 아니라 관심 분야 및 영어 발음에 이르기까지 외국인 기업가들과 다른 점이 없기 때문에 러시아인이라는 것을 잊어버릴지도 모른다.

쉽고 유쾌하게 진행되는 젊은 비즈니스맨들과의 협상 뒤에는 속임수와 자잘한 사기의 가능성이 늘 존재한다. 외견상 능숙한 사업가의 모습 뒤에 사기꾼이 숨어 있을 수 있으며, 때로는 무책임한 인물이 서구식 행동을 익혀 우연한 성공을 거두기도 한다.

이쯤에서 한가지 조언을 하자면 사업 파트너의 정치적 신념을 차분하게 받아들이라고 말하고 싶다. 자신의 정치적 성향도 잠시 잊어버리시라. 공산주의자라고 밝힌 사람이라도 얼마든지 훌륭한 사업 파트너가 될 수 있다(그저 과거의 행복했던 날들에 대한 향수에 젖은 사람일 가능성도 크다). 현재 러시아 정치는 모든 것이 뒤죽박죽이어서 파악하기가 매우 어렵다. 서구에서 바라보는 것 같은 흑백논리로는 설명이 되지 않으며 훨씬 더 복잡하다. 그러니 협상 중에는 당신의 신념이나 생각에 관해선 잠시 잊는 것이 좋다.

사전 준비하기

러시아의 '비즈니스 에티켓'이라고 하는 것은 혁명 전의 경험, 소련 시절의 경험, 서구의 경험 등을 통해 지금 막 형성되는 과정에 있다. 불명확하며 불완전하고 항상 유쾌하지만은 않은 이 요란하게 뒤얽힌 경험들이 오늘날 러시아 비즈니스맨의 행동을 규정하고 있는 것이다. 사업을 포함해서 러시아 사회의 모든 것이 급속하게 변화하고 있다는 점을 염두에 두어야 한다. 10년 전에는 도저히 불가능한 것으로 여겨지던 러시아 비즈니스라는 것이 지금은 일상적인 현상이 되었다는 것도 그 한 예이다. 내일 또 무엇이 바뀔지는 아무도 모른다. 일단은 어떻게 될지 그 누가 알겠는가? 우선 민족적 특성과 관련된 러시아 비즈니스의 전통과 경향에 관해 잠시 살펴보자.

러시아 비즈니스 출장에 앞서 무엇을 준비해야 할지 파악하는 일은 매우 중요하다. 우선 방문 목적과 계획 등에 관해 설명하는 내용은 팩스나 이메일로 교환하는 것이 좋다. 러시아의 우편은 신뢰할 만하지 못하니, 일반 우편에는 기대를 않는 편이 좋을 것이다. 당신의 편지나 소포가 어느 단계에서 사라졌는지 결코 알 수 없을 것이기 때문이다.

사업 관련 서신을 교환할 때에도 몇 가지 유념해야 할 러시아적인 특징이 있다. 첫째, 서신 교환을 한 사람과 모스끄바에서 협상을 하게 되는 사람이 서로 다를 수 있다는 점이다. 이미 처리되었다고 여겼던 일에 시간을 낭비하게 될 수도 있으니 만일의 경우를 대비하여 서한과 서류의 사본을 가지고 가도록 하라. 둘째로, 당신이 쓴 서신이 외국어라는 점, 그리고 모든 러시아 사람이 외국어를 자유로이 구사하지 못한다는 점을 고려해 내용을 장황하게 쓰지 않도록 하라. 중요 내용 중심으로 가능한 간결하고 명확하게 써야 한다. 마지막으로 인쇄물과 여러 종류의 문서에 대한 러시아인의 독특한 태도를 기억할 필요가 있다. 서구에서는 공식 문서가 커다란 비중과 의미를 갖지만, 러시아에서는 그렇지 않다. 서류는 형식적으로 필요하지만 실제적으론 아무 의미도 없다는 뜻으로 인식될 수 있다. 다시 말해 당신이 보낸 서신이나 문서를 아무도 읽지 않았을 수도 있다.

실례를 들어 보자. 미국의 한 교수가 모스끄바 국립대학교의 초청 강의 요청을 받았다. 그는 방문과 관련된 모든 세부 사항이 조율되고 절차가 마무리되길 초조하게 기다렸다. 러시아 비자를 받기 위한 초청장은 비서가 준비하였으며 대학의 행정 책임자 중 한 사람이 서명을 했다. 하지만 이 비서와 책임자는 그 교수에 관해 아무것도 들은 바가 없었다. 모스끄바 국립대학교에는 21개의 학부가 있으며, 학부마다 200명에서 2,000명의 직원이 있다. 때문에 모든 상황을 다 파악하는 일은 불가능하고 공식 문서들은 대학의 총괄 부서에서 처리하게 된다. 결국 그 교수에게는 이전에 합의된 내용이 포함되지 않은, 평범한 초청장이 발급되었다. 화가 난 교수는 모스끄바 대학에 오지 않았다. 해당 학부의 직원들은 그가 받은 초청장은 대사관에서 비자를 받기 위한 '형식적인' 문서일 뿐이며, 모든 조건은 합의된 그대로라고 설명하는 팩스를 여러 통 발송하였으나 교수가 끝내 이를 이해하지 못하자 학교 측 역시 화가 나버렸다. 이 이야기의 교훈은 단순하다. 서신 교환 과정에서 뭔가 생각과 다르면, 화를 내기보다는 처음부터 다시 확인하면 되는 것이다. 존경심이 없어서가 아니라, 비서의 태만함, 말단 공무원의 실수 등 여러 이유 때문에 문제가 생긴 것이다. 이런 일은 어느 나라에서나 일어날 수 있지만, 러시아에서는 문서에 별로 관심을 기울이지 않기 때문에 더욱 빈번하다.

비즈니스 출장에 맞는 계절

준비 과정이 잘 마무리되어 모든 서류를 받고 여권에 비자까지 받고 항공권을 손에 쥐었다면 당신은 기나긴 여정을 시작할 자신에 차있을 것이다. 비즈니스의 성공은 다른 무엇보다도 당신과 당신의 기분에 달려 있다는 명백한 진리를 이해하도록 하라. 러시아 사람들은 외국인 비즈니스맨들이 러시아에 와서 자신들만의 협상 규칙만 고수하면서 그 외의 것은 모두 의심하고 멸시한다고 생각한다. 예를 들어 미국 비즈니스맨들은 지나치게 고집이 세고 공격적이며 무례하다는 평가를 받는다. 당신이 들어가려고 하는 나라는 매우 불안정하며 상처받기 쉬운 미지의 세계라는 점을 명심하기 바란다.

러시아 출장 계획을 세울 때는 계절적 특징을 유념해야 한다. 여름은 외국인들에게 가장 인기 있는 계절이지만, 러시아 비즈니스를 위한 최고의 계절은 아니다. 여름은 휴가와 방학 시즌이며 모두가 무더운 도시를 떠나 자연으로 떠나는 시기이기 때문이다. 사업 파트너가 여름철 방문에 동의했다 해도 아마 다른 사람들은 휴가 중일 것이다. 최종 결정권자인 어떤 대표가 키프로스로 여행을 갔고 서류에 직인을 찍어야 할 비서는 감자를 심으러 다차로 떠났다면 업무가 지연될 수밖에 없다.

각종 러시아 축일의 일주일 전, 축일 기간 중, 또는 축일 직후도 좋지 않다. 특히 러시아에서 가장 명절 분위기가 나는 때는 연말연시이다. 새해가 시작되기 두 주 전부터는 새로운 일을 시작하는 섯이 의미가 없다고 생각해 그 누구도 열심히 일을 하지 않는다. 회사에서는 여러 종류의 파티가 연달아 열리곤 한다. 사람들은 선물과 식료품 구입, 각종 명절 행사를 준비하느라 여념이 없다. 1월 1일 이후에도 휴일은 계속된다. 1월 7일에 러시아 사람들은 정교회의 성탄을 지내고, 1월 14일에는 러시아 달력에 따른 설을 쇤다.

이 설은 국경일이 아니지만 많은 러시아 사람들이 중요하게 생각한다.

러시아인의 삶에서 가정과 아이들은 예나 지금이나 중심을 이룬다. 그러므로 학생들의 방학기간(11월 1~10일, 12월 30일~1월 11일, 3월 마지막 주)은 피하는 것이 좋다. 엄격하고 신중하며 사무적인 파트너라고 여겼던 비즈니스맨들도 자녀 앞에서는 다정한 모습이 되어 바다나 산으로 여행을 떠나기 때문이다.

비즈니스 출장에 좋은 계절은 가을과 겨울(연말연시 기간을 제외하고)이다. 겨울에는 모자와 장갑을 꼭 챙기시길! 모스끄바의 겨울을 두려워할 필요는 없다. 생각보다 날씨는 온화하고 따뜻하다. 게다가 바깥 날씨와는 달리 실내는 보통 따뜻하기 때문에 많은 외국인들이 종종 러시아 집이 지나치게 덥다고 불평하곤 한다.

비즈니스 미팅의 시간과 장소

　러시아에서 사업 협상은 사무실, 오로지 사무실에서만 하는 것이 일반적이다. 러시아에서는 사업 이야기를 하려고 호텔 방으로 초청하는 경우는 없다. 그런 제안을 했다가는 이상하다는 시선을 받게 될 것이다. 오늘날 젊은이들 사이에서 비즈니스 오찬 또는 조찬이 자리 잡아 가고 있기는 하지만 이 역시 사무실에서의 협상을 보완할 뿐 대신하지는 않는다.

　하지만 화려한 레스토랑의 식사 자리에서, 초대받아 방문한 집에서, 자연 속에서 꼬치구이를 구우면서, 박물관을 관람하면서, 별장의 벽난로 앞에서 사업에 관해 무슨 이야기를 할 것인지도 준비해 두어야 한다. 러시아인에게 퇴근 시간은 업무의 종료를 의미하지 않는다. 새로운 프로젝트에 몰입하고 있을 때는 더욱 그러하다. 함께 술을 마신다 해도 사업의 전망에 관한 논의는 신중하고 이성적으로 진행될 것이다. 귀담아 듣되 그 다음 날엔 세부적인 조건을 구체적으로 다시 정해야 한다는 점을 명심하도록 하라. 러시아에서는 많은 원칙들이 비공식적인 상황에서 결정되지만, 최종적인 합의는 반드시 사무실에서 이루어지기 때문이다.

 협상의 시작은 매우 중요한 의미를 갖는다. 우선, 러시아에서 미팅, 특히 사업 미팅에 늦는 것은 불손함이나 멸시를 의미하지 않는다. 러시아의 거대 국영기업은 정확히 규정된 시간을 준수하고자 노력하지만, 중소기업 차원에서는 협상 일정이 지속적으로 지켜지지 않는다.

 러시아의 시간관념은 서구와 다르다. 10~15분 정도는 지각이라고 여기지 않는다. 내가 아는 어느 미국인 교수는 저녁 식사 초대를 받아 집주인과 전철역에서 7시에 만나기로 약속을 했다. 집주인은 퇴근 후 어린이집에서 아이를 찾아 버스를 한참 기다린 끝에 7시 20분에 전철역에 도착했다. 하지만 미국인 교수는 이미 그 자리에 없었다. 두 사람의 관계는 완전히 끊어지고 말았다. 미국인 교수는 상대가 늦은 것이 자신을 존중하지 않는 탓이라 생각했고 러시아인 집주인은 상대가 기다리지 않고 그냥 떠나 버린 것이 교양 없는 행동이라 여겼기 때문이었다. 약속 장소에 갔을 때 러시아 측 상대방이 아직 도착하지 않았다 해도 언짢아하지 말고 문화와 전통의 차이로 생각하라. 하지만 외국인인 당신에게는 정확한 시간관념을 기대할 것이니 당신 입장에서는 시간에 늦지 않는 것이 최선이다.

 러시아인의 독특한 시간관념은 협상 진행 과정에서도 볼 수 있다. 사전에 끝나는 시간을 정확하게 정해 두었다 해도 늘어지는 경우가 많다. 꼭 성사시켜야 하는 일이라면 서두르거나 예민하게 굴면서 힘을 뺄 필요는 없다. 사업상 약속을 연속해서 빡빡하게 잡지 말고 여유 시간을 확보해 두라. 잘못하다가는 가장 중요한 문제를 논의해야 하는 바로 그 순간에 자리에서 일어나야 하는 난감한 상황이 벌어질 수도 있다.

비즈니스 미팅의 몇 가지 규칙

협상 자리에서 참석자들을 소개할 때는 대개 중요한 사람부터 시작하게 된다. 경우에 따라 앉은 순서대로 소개를 하기도 하는데 이때는 기분 상하는 사람이 없도록 미리 양해를 구한다. 직급에 관계없이 여성을 먼저 소개하는 일도 많다. 마찬가지로 연장자를 먼저 소개하기도 한다. 설사 이들이 중요한 참석자가 아니라 해도 예의를 갖추기 위해서이다.

20세기 초의 러시아 작가 체홉은 '결혼식 장군', 즉 결혼식을 빛내기 위해 푼돈을 받고 훈장이 잔뜩 붙은 군복 차림으로 행사에 참석하는 사람에 관해 묘사한 적이 있다. 이처럼 러시아 측 협상 테이블에도 막상 의사결정에는 영향력이 없다 해도 행사의 비중과 위상을 높여줄 것이라고 생각되는 인물들이 낄 수 있다.

참석자 중 누군가는 아예 소개가 되지 않을 수도 있다. 이런 사람은 말단 직원이거나, 제3자이거나, 우연히 자리를 함께하게 된 경우일 것이다. 이때는 협상 참석자들 모두가 똑같은 정도의 관심과 열정을 보이지 않을 수 있음을 염두에 둘 필요가 있다.

외국 대표단의 경우 대화의 시작과 대표단 소개는 반드시 가장 직급이 높은 사람이 해야 하고, 대표단 전원을 모두 소개해야 하며, 누가 무슨 업무를 담당하는지, 의사결정 과정에서 어느 정도의 비중을 차지하는지를 밝혀야 한다. 바로 자기소개를 하고, 방문 목적과 당신이 서명하고자 하는 최종 문건들에 관해서도 이야기를 하는 것이 좋다.

서구의 여러 안내 책자들은 러시아 방문 중에 위엄을 갖추기 위해서는 금박 명함에 화려하고 값비싼 양복을 입어야 한다고 소개하고 있다. 한편으로는 어느 정도 맞는 말이다. 러시아에서는 모든 만남이 사회적 위치를 보여 주는 명함 교환으로 시작된다. 또 단정하고 고급스러운 옷은 러시아 파트너들에게 좋은 인상을 남길 것이다. 반면 러시아에는 "만날 때는 옷을 보지만 헤어질 때는 지혜를 본다."라는 속담도 있다. 당신이 입은 청바지가 처음에는 러시아 파트너들을 당혹스럽게 만든다 해도 내놓는 제안이 충분히 흥미롭고 유익하다면 얼마든지 용서받고 이해될 수 있다.

러시아에서는 며칠 동안 진행되는 협상에서도 만나고 헤어질 때마다 곁에 있는 모든 사람과 힘차게 악수를 한다. 단 여성과는 처음 인사를 할 때만 악수를 한다. 러시아에서는 이전과 마찬가지로 여성의 손에 입 맞추는 것을 정중한 행동으로 여긴다. 따라서 여성 사업가들이라면 자기 손에 입을 맞추는 것이 존중의 표시임을 기억할 필요가 있다.

협상 자리에 관계자뿐 아니라 제3자들이 많다면 누가 누구인지, 누가 결정권자인지, 누가 업무를 진행할 것인지 등을 파악하기가 어려워진다. 상하관계를 제대로 파악하지 못하고 있다가 자칫 상대방에게 큰 실례를 하게 될 수도 있다. 이런 상황에 대처하기 위한 몇 가지 방법을 얘기해 보겠다.

대개의 회의는 참석자 중 최상급자의 사무실에서 이루어진다. 그 최상급자가 최종 결정권자란 보장은 없다. 최상급자는 탁자 중앙에 앉고, 나머지 사람들은 직급과 비중에 따라 그 주변에 차례로

앉는다. 비서는 직급에 따라서 차를 대접한다.

만일 당신이 러시아어를 안다면 러시아 대표단원들이 서로를 어떻게 호칭하는지 귀담아 들도록 하라. '브이(Вы, Vy)'와 이름과 부칭을 사용한다면 그것은 낮은 직급의 직원이 상급자를 부르는 것이고, '뜨이(Ты, Ty)'와 이름을 사용한다면 상급자가 아랫사람을 부르는 것이다.

당신이 러시아어를 모른다 해도 그들이 서로 어떻게 대하는지, 누구에게 자주 질문을 하고, 누구를 주시하는지 잘 살펴보도록 하라. 또 억양을 들어 보면 언어를 모르더라도 존대 혹은 하대의 분위기는 파악이 가능하다.

실수를 하지 않기 위해서는 최상급자 이외의 사람에게 불필요한 관심을 쏟지 않는 것이 좋다. 아랫사람의 말이 더욱 흥미롭고 좋은 인상을 준다면 나중에 따로 만나노록 하라.

최상급자에 대한 특별한 관심과 존경은 단순히 예의상의 문제는 아니다. 그의 입장이 협상에 결정적인 역할을 하고 그의 의견에 따라 협상의 성패가 좌우되기 때문이다. 그럼에도 불구하고, 중간급 관리자와 말단 직원들과의 관계 역시 매우 중요하다. 만남과 협상의 조직 및 결말 등 상당 부분이 그들에 의해 좌우되곤 하기 때문이다. 많은 경우, 작은 선물과 관심이 이러한 문제를 해결해줄 수 있을 것이다. 모든 러시아인은 대표보다 비서에게 잘 하는 것이 더 중요하다고 생각한다.

  러시아 조직에서는 위계질서가 엄격해 보인다 해도 내적인 구성원 관계가 생각보다 훨씬 민주적이고, 서구사회에 비해 덜 형식적이며 친밀한 경우가 많다. 러시아에는 직장을 하나의 대가족이라고 보는 생각이 오랫동안 자리 잡아 왔다. 대단한 권력과 권위를 누리는 대표 또한 그 대가족의 한 구성원인 것이다. 현재 많은 기업이 직장에서 보다 엄격하고 형식적인 서구적인 방식을 받아들이려고 노력하고 있지만, 아직은 쉽지 않은 일이다.

비즈니스 파트너를 위한 선물

여러 여행 안내서에는 러시아 출장을 갈 때 무엇을 선물로 가져가면 좋을지 쓰여 있다. 러시아 사람들이 선물 받기를 좋아하며 어느 정도는 선물을 기대하기 때문에 이런 조언은 나름의 의미가 있다고 할 수 있다. 게다가 러시아 사람들은 선물하는 것도 좋아하기 때문에 빈손으로 갔다가는 난처한 상황에 처할 수도 있다. 하지만 선물에 대한 기존 책들의 정보는 이미 낡은 것들이다. 20년 전에는 러시아인들이 직접 가볼 수 없는 서구 사회를 상징하는 자그마한 기념품들이 귀한 대접을 받았다. 그리하여 안내서 저자들은 열쇠

고리, 담배, 값싼 볼펜 등이 괜찮은 선물이라고 써놓았다.

하지만 그 후에 러시아의 삶은 180도 달라졌다. 사업가들에게 그런 종류의 선물은 자칫 자신을 정복자 유럽인이 가져온 유리 구슬이나 거울에 혹하는 원주민으로 여기는 무례한 행동으로 보일 수 있다. 회사 로고가 들어간 잡동사니 같은 것은 선물하지 말고 공식 행사에서 전달하는 것이 좋다. 다시 한번 강조하지만, 지금 러시아 사람들은 쉽게 상처받으며 자존심에 예민하다. 차라리 아무것도 선물하지 않는 것이 오히려 나을 수 있다. 그러면 선물에 무심한 사람이거나 문화적 차이 때문일 거라고 이해해줄 것이다. 의미 없는 선물을 하면 자칫 당신을 인색한 사람으로 보고 불신하게 될 수도 있다.

재미있는 우스갯소리가 생각난다. 러시아에는 세 가지 소원을 들어 주는 황금 물고기에 관한 설화가 있다. '노브이 루스끼'가 황금 물고기를 잡으면 어떻게 될까?

어느 날 노브이 루스끼가 황금 물고기를 잡고는 이렇게 물었다.
"그래, 네게 뭘 해줄까?"

러시아인들에게 무슨 선물을 하는 것이 좋을까? 당신 나라의 토속적인 기념품이나 회사 로고가 들어간 기념품이면 적당하다. 사무실에 놓아둘 정도로 큰 것이 좋다. 국가 간 관계나 기업 간 협력의 관점에서 잘 활용될 수 있을 것이다. 남성에게 개인적인 선물을 할 경우에는 술(독한 술이 좋으며 전통주도 가능하다.)이, 여성에게는 사탕, 품질 좋은 다과, 값비싼 볼펜, 가죽 서류 파일, 가방 등이 좋다. 선물의 품질과 가격에 당신 회사와 제안하는 프로젝트의 위상이 달려 있다.

선물은 협상의 중간이나 후에 주는 것이 좋다. 협상의 첫 단계에서는 선물을 주는 것이 아니라, 서로를 알아보아야 한다. 당신이 받은 선물이 불필요한 것이고, 지나치게 육중하거나 싸구려라 할지라도, 귀중하게 여겨야 한다. 틀림없이 그 선물을 사느라 많은 노력과 돈이 들었을 것이다. 선물에 대해 가벼이 여기면 당신 파트너의 마음에 깊은 상처를 줄 수 있다.

Chapter 6

러시아 비즈니스

러시아 비즈니스 협상의 특징은 러시아의 일반적인 문화적 전통 및 민족적 특성과 직접적으로 연관되어 있다. 협상은 내용이 명확하다 해도 서두르는 일 없이 신중하게 모든 단계를 밟아가며 진행된다.

러시아식 비즈니스의 특징

러시아에서는 화려한 환영사, 축사, 인사말 등을 좋아한다. 예전과 마찬가지로 러시아인은 자신이 단순히 개인적인 부(副)를 위해서가 아니라, 나라와 국민을 위해 필요한 중요한 일을 하고 있다고 느끼는 것이 중요하기 때문이다. 내가 아는 어떤 사람은 사업으로 상당한 재력가가 되었고, 예전에는 꿈도 꾸지 못하던 곳으로 정기적으로 휴가를 떠날 수 있게 되었는데도, 쥐꼬리만한 월급을 받으며 설계 사무소에 근무하던 시절을 그리워했다. 그때는 모스끄바 근교의 지인의 집에 묵으며 휴가를 보내야 했지만 대신 세계 그 어느 곳에도 없는 멋진 항공기를 설계하며 자신이 원대한 계획의 일부라는 자부심을 느낄 수 있었기 때문이다.

'양국 국민 간의 평화와 우정을 위하여'라는 인사말을 준비하라고 권하고 싶다. 많은 경우 이러한 국제적인 태도는 러시아인이 잘 받아들일 것이며 지지할 것이기 때문이다.

협상이 진행되는 중에는 여유를 가지고 인내심을 발휘하도록 하라. 러시아어에는 중요한 결정을 내릴 때 성급함을 나무라는 속담이 여럿 있다. "이야기는 쉽게 만들어지지만 일은 신속하게 성사되는 것이 아니다.", "서두르면 사람들의 비웃음을 사게 된다.", "조용히 가면 더 멀리 간다." 등등. 협상 중에는, 대화가 삼천포로 빠지고 전문성이 사라졌다고 생각될지라도 초조하게 시계를 쳐다보거나 손가락으로 테이블을 두드리지 말고 귀담아 듣도록 하라.

러시아에서 성공의 열쇠는 개인적인 관계를 맺는 데 있음을 유념하라. 때문에 당신과 사업을 하게 될 사람들에게 관심을 갖는 것이 중요하다. 미국이나 서유럽에서 높게 평가하는 집중력, 사무 능력, 정확성 등의 장점이 러시아에서는 단점으로 받아들여질 수 있다. 러시아 사람의 기분을 상하게 하는 중요한 것 중 하나가 바로 '존중하지 않는다'는 것이다.

말하기보다는 귀 기울여 듣도록 하라. 이는 아주 중요하다. 긴 발언을 듣다 보면 파트너들이 어떤 사람인지, 나아가 파트너들 간의 관계, 행동 방식 등도 알게 될 것이기 때문이다.

현재 러시아에서는 대표 사무실과 같은 보다 공식적인 자리에서 협상하는 서구식 방식이 점점 보편화되고 있다. 동시에 보다 전통적인 러시아식 방식도 여전히 존재한다. 그러니 식사 시간도 아닌데 난데없이 음식을 잔뜩 차린 식탁과 술이 준비되어 있다 해도 놀라지 마라. 이는 마음을 다해 손님을 환대하는 러시아 전통을 보여주는 것이다.

손님을 환대하고 음식을 접대하는 것은 러시아의 특징이다. 러시아 민화에서 대표적인 악역 중 하나인 바바 야가도 주인공을 잡아 먹으려다가, "먼저 손님에게 음식과 술을 대접하고 재운 다음에 잡아 먹어라."라는 주인공의 말에 약해지고 만다. 손님 접대 의무가 악한 행동보다 우선하는 것이다. '음식과 술을 대접한' 후, 즉 개인적인 관계를 맺게 된 후 오히려 바바 야가는 주인공이 잘 싸울 수 있도록 도와주는 역할을 하게 된다.

러시아에서는 예전과 마찬가지로 음식과 술 대접이 신뢰와 우정을 쌓는 최고의 방법이다. 전형적인 상황은 다음과 같다. 중요한 외국 대표단을 기다리면서 러시아 사람들은 식탁을 차리고 최대한 많은 사람을 불러 모은 상황에서 손님을 환대하고 절친한 친구가 된 채 헤어진다. 물론 그 후 계약이 이루어지지 않는다면 러시아인들은 도대체 그 이유가 무엇인지, 어째서 자기들이 아니라 딱딱한 업무상 회의만 가진 다른 회사가 선택되었는지 결코 이해하지 못할 것이다. 물론 그렇다고 잘 차린 식탁, 비공식적인 분위기, 오랜 시간의 파티 등이 파트너의 업무 능력 부족, 물질로 매수하려는 시도 등을 의미하지는 않는다. 그것은 러시아의 전통이며, 상대방에 대한 존경과 관심의 표현인 것이다.

러시아에서는 아주 공식적인 협상 자리에서도 공식적인 연설 이외에 건배 제의를 한다. 연설에 대한 답사를 하고, 건배 제의에 대한 응답으로 또다시 건배 제의를 해야 한다는 것을 잊지 마라. 당신이 무슨 말을 하든, 모두가 즐겁게 받아들일 것이나. 강조하지만, 공식적인 자리에서 절대로 술을 거절하지 말고, 술을 마시고 싶지 않다면, 건배를 하고 술잔을 입술에 갖다 댄 뒤에 테이블 위에 내려놓으면 된다. 음식에 대해서도 마찬가지로 절대 거절하지 말고, 배가 부르더라도 모든 것을 칭찬하도록 하라.

비즈니스 파트너와의 관계

 협상 중에는 자세를 흐트러트리거나 풀어지지 말고, 집중하여 정중하게 행동하는 것이 좋다. 젊은이들은 상황에 따라 조금 더 자유롭게 행동하기도 하지만 가능한 한 정중한 태도를 유지하는 것이 신뢰감과 좋은 인상을 남길 수 있다.
 러시아에서는 담배를 많이 피운다. 오늘날 흡연은 사업가의 이미지 가운데 하나이기도 하다. 담배 연기를 싫어한다면 회의 석상에 앉아 있기가 퍽 괴로울지도 모른다. 또한 당신이 흡연자라 해도 금연 구역이 많으니 사전에 확인할 필요가 있다.

러시아 사람들은 농담, 우스갯소리, 비공식적인 교류, 마음을 터놓는 대화 등을 아주 좋아한다. 하지만, 공식적인 자리에서는 '우리는 중요한 일을 하고 있다'는 자세로 신중하게 행동한다. 파트너를 아직 잘 모르고, 새로운 상황에 잘 적응할 만큼 경험이 많지 않으며, 대화 상대의 성격을 재빠르게 파악할 자신이 없다면, 당신 역시 신중하고 사무적인 태도를 유지하는 것이 좋다. 농담을 하면 웃고, 술을 따라 주면 술잔을 부딪치고, 당신의 어깨를 툭 치더라도 참으라. 러시아에서는 신중하고 말수가 적은 사람이 언제나 좋은 인상을 심어 준다는 사실을 기억하라.

다양하고 복잡한, 때로는 화려하고 호사스러운 러시아 협상의 이 모든 전통 때문에 '협상이 얼마나 효율적으로 진행되고 있는가'하는 중요한 판단이 흐려지기도 한다. 파트너가 동의하고 고개를 끄덕인다 해도 예의를 차리는 것에 불과할 뿐 더 이상의 의미는 없을지 모른다. 프로젝트에 보이는 명백한 관심도 그저 당신의 기분을 상하지 않게 하려는 행동일 수 있다. 이런 경우, 신세대들은 보다 솔직하게 자신의 입장을 밝히는 반면, 구세대들은 자신의 감정을 드러내지 않으려 애쓰면서 조심스럽게 말을 아낀다.

사기를 당하지 않으려면 이것만은 알아 두자!

누구를 믿어야 할지, 어떻게 하면 속지 않을지 하는 것은 아주 오래전부터 러시아를 방문하는 모든 서유럽 사업가들의 고민이었다. 이미 17세기 전반에 어떤 독일인 여행자가 다음과 같은 글을 남겼다. "러시아인들은 측근을 속이기 위해서 온갖 교활한 방법을 생각해 내는데, 그 잔꾀와 교활함은 특히 물건을 사고파는 과정에서 드러난다. 만일 그 사람들을 속여 넘기려면 머리가 무척 좋아야 할 것이다." 이와 관련하여 실질적인 조언을 몇 가지만 하겠다.

외적인 모습은 많은 경우 허상일 수 있다. 잘

알려진 역사 속의 재미있는 이야기가 있다. 예까쩨리나 대제가 백성들이 사는 모습을 보기 위해 시골 벽지의 마을을 방문하려고 했을 때 뽀쫌낀 공작은 짧은 시간에 그 시골 마을을 완전히 바꾸어 놓았다. 가옥의 정면을 새로이 단장하고 시골길을 급하게 메우고 농부들에게 깨끗한 의복을 나누어 주었으며 가장 넓은 집에 잔칫상을 차렸던 것이다. 여제는 백성들이 잘 살고 있는 것에 매우 만족했는데, 여기에서 '뽀쫌낀의 마을'이란 표현이 생겨나 지금까지 쓰이고 있다. 옛 국영기업을 기초로 설립된 일부 러시아 기업들은 상대적으로 웅장한 건물과 값비싼 가구를 갖추고 있지만 그렇다고 해서 그 기업이 그만큼 탄탄하다는 뜻은 아니다. 게다가 러시아 사람들은 외적인 모습에 신경을 많이 쓰고 과시하는 경향이 있다. 많은 경우 회사들은 첫 영업이익을 화려한 사무용 가구나 설비 구매로 써버리곤 한다. 따라서 눈에 보이는 것을 그대로 믿기보다는 직관과 느낌을 따르라.

한편 러시아인 스스로도 혹시나 사기를 당하지 않을까 전전긍긍한다. 당신의 제안 속에 계략이 숨어 있지나 않을까 하는 두려움 때문에 시간을 끌면서 상황을 제대로 파악하려 애쓴다. 하지만 혹시라도 당신의 마음을 상하게 할까 두려워 직접적인 질문을 던지지는 못한다. 따라서 사전에 당신의 위상과 신뢰성을 증명할 수 있는 여러 문서를 준비하는 것이 좋다. 여기에서 우리는 다시 한번 러시아인들의 삶이 내포하고 있는 모순에 봉착한다. 바로 문서에 대한 존중과 문서에 대한 경시라는 모순이다.

직인이 찍힌 문서, 잘 인쇄된 깔끔한 여러 문서와 자료들(물론 러시아어로 작성된 자료가 있으면 더욱 좋다)은 의심할 여지 없이 러시아 파트너에게 좋은 인상을 남기게 될 것이다. 러시아에서는 최근에야 품질 좋은 광고와 소개 자료를 구비할 수 있게 되었다. 물론 그러한 홍보물이 그 회사의 신뢰성을 보장하는 것은 아니다.

최종 결정을 내리고 협정서에 서명을 할 인물이 프로젝트를 살펴보고 승인하는 것을 확인하는 것은 중요하다. 가능하다면 직접 확답을 받도록 하라. 내부 갈등이나 권력 다툼, 상급자에 대한 불복, 자신의 이익을 위한 비상식적인 행위 등에 의해 결렬되고 마는 유망한 프로젝트들이 적지 않기 때문이다. 예를 들어 영국 굴지의 어느 기업이 모스크바의 건실한 기업과 오랜 기간에 걸쳐 협상을 벌였다. 양측은 모두 많은 시간과 노력과 자금을 쏟아 부었다. 그러나 러시아 회사의 대표는 사적인 자리에서 구두로는 동의하였지만 결국 협정서에 서명을 하지 않았다. 양측 모두에 큰 이익이 되는 협정임을 알면서도 자신이 제외된 채 진행된 것이 못마땅했기 때문이다. 양측의 관계는 하루아침에 아무 설명도 없이 단절되어 버렸다. 협상 첫 단계에서 누가 최종 결정권자이며 최종 문서에 서명을 하는가를 파악하라. 그 결정권자를 직접 만나는 것이 퍽 중요하다.

다시 한번 당부하는 말

러시아 비즈니스의 일반적 특징 몇 가지를 정리해 보자. 상황을 파악하는 데 도움이 되길 바란다.

01_ 러시아 사람들은 위험을 무릅쓰는 것을 좋아한다. 러시아인이 좋아하는 '아보스(авось, avos')', 즉 '어쩌면'이란 표현은 운명에 모든 것을 맡기는 것으로, 운이 좋으면 성공하는 것이고, 실패한다면 그것에 관해선 생각할 필요도 없다는 것을 의미한다. 러시아인들은 "늑대가 두려우면 숲에 가지 마라.", "위험을 무릅쓰지 않는

자는 결코 성공할 수 없다.", "리스크 – 그것은 고결한 것이다."와 같은 속담을 좋아한다. 이러한 러시아인의 본성은 비즈니스에도 그대로 적용된다.

02_ 동시에 "일곱 번 재고, 한 번 잘라라.", "시험해 보고 믿으라.", "우정은 우정으로, 업무는 업무로"등의 비교적 덜 알려진 속담에서 드러나듯 러시아인에게는 지나친 조심성과 의심이라는 정반대의 특성도 존재한다. 이러한 러시아 비즈니스맨의 특성 때문에 사업적 관점에서 보았을 때 정당한 이유 없이 협상이 지연되고, 최종 결정이 유보되는 것이다. 이와 관련하여 재미있는 우스갯소리가 있다.

악마가 '노브이 루스끼'를 만나 제안을 한다.
"내게 자네의 영혼을 주면 그 대가로 알루미늄 한 트럭을 줄 테니 교환하자. 동의하나?"
그러자 노브이 루스끼가 되묻는다.
"나한테 알루미늄 한 트럭을 준다고?"
"그렇다."

"그럼 난 뭘 주지?"

"영혼을 달라."

'노브이 루스끼'는 생각에 생각을 거듭한 끝에 말했다.

"확실한 거지? 날 속이려는 건 아니겠지?"

03_ 러시아식 허풍을 겁낼 필요는 없다. '우리는 무엇이든 할 수 있다'는 말이 반드시 그렇다는 뜻은 아니다. 다만 희망 사항일 뿐이다. 다음 우스갯소리를 봐도 그렇다.

노브이 루스끼의 비즈니스

비즈니스맨 두 사람이 만난다. 한 사람이 묻는다.

"스니커즈 초콜릿 한 트럭을 사겠나?"

"사지."

이런 대화를 마친 두 비즈니스맨은 헤어진 후, 한 사람은 스니커즈 초콜릿 한 트럭을 찾으러, 또 한 사람은 그제서야 돈을 마련하러 다녔다.

그뿐만 아니라 러시아 사람들은 자연스럽고 또 열정적이어서 정해진 일정에 맞추어 일하는 것을 잘못한다.

04_ 러시아에는 돈과 부(副)에 대한 고유한 입장이 있다. 19세기 러시아 문학이나 20세기 소련의 이데올로기 모두가 행복은 돈에 있는 것이 아니며, 모든 악이 돈에서 비롯되기에 나쁘다는 생각을 심어 주었다. 현재 삶이 급진적으로 변화하고 있지만, 여전히 대다수 러시아 사람들이 돈에 관한 대화를 당혹스럽게 여긴다. 물론 그렇다고 돈이 필요치 않다는 의미는 결코 아니다. 다만 최소한 외견상이라도, 개인의 부(副)가 사회의 이익에 기여하는 것이 러시아인의 입장에서는 매우 중요하다. 그러니 돈과 부라는 주제에 관해서는 신중하라고 조언하는 바이다.

05_ "러시아인은 오랫동안 밀을 매지민, 달릴 때는 재빠르다."라는 유명한 속담이 있다. 비즈니스 분야를 명확하게 잘 드러내는 표현이다. 러시아 사회의 전반적인 불안 때문에 러시아 사람들은 먼 미래를 내다보지 않는다. 어마어마한 이익이라고 해도 그 이익이 몇 년 후에 창출될 것이라면 그 프로젝트는 현재 러시아에서 호응을 얻기 어려울 것이다. 긴 협상 시간 이후에는 조속히 계획을 실

현하려는 맹렬한 활동이 이어질 것이다.

06_ 러시아의 관료주의는 세계적으로 악명이 높다. 나 역시 여러 나라를 여행하기 전에는 그렇게 생각했었다. 미국, 영국, 프랑스 등과 다른 러시아 관료주의의 가장 큰 차이는 동정심을 유발하여 감정에 호소하든, 뇌물을 쓰든, 어떤 방식으로든 타협이 가능하다는 것이다. 하지만 뇌물을 건네는 것은 러시아 파트너의 몫으로 남기는 것이 좋다. 최소한 의논이라도 하도록 하라. 러시아 파트너는 누구에게 언제 얼마를 주어야 할지 더 잘 알고 있을 것이다. 불신을 하거나 의심을 품어 러시아 파트너의 마음을 상하게 하지 마라. 러시아인은 정직성을 의심받으면 큰 모욕감을 느낀다.

끝으로, 사업의 성패는 당신 개인의 성품과 여러 외적 요인에 달려 있다는 점을 강조하고 싶다. 러시아에서의 성공적인 비즈니스를 위한 처방전에는 다음 요소들이 모두 포함된다. 즉, 상식과 비즈니스에 대한 직관과 관찰력, 인내심과 타 문화에 대한 존중, 우호적인 관계와 네트워크, 그리고 바라건대, 러시아의 향후 몇 년간의 안정이다.

Chapter 7

러시아인들의 손님맞이

손님에게는 음식을 대접해야

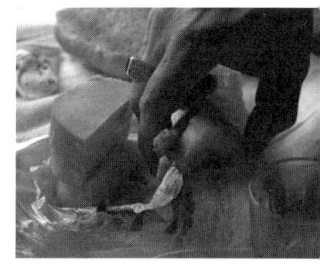

러시아 특유의 유명한 손님맞이 방식이 괜스레 러시아의 대명사가 된 것은 아니다. 러시아의 일반 가정집에 초대를 받아 본 외국인이라면 대부분 러시아인들은 대화를 좋아하고 호의적이며 베풀기를 좋아하고 솔직하며 마음이 따뜻하다고들 한다. 어떤 이들은 심지어 끊임없이 나오는 많은 음식에 불만 아닌 불만을 토로하기도 한다.

러시아인들에게 있어 음식이란 단순히 생존을 위해 섭취해야 하는 것 이상의 의미를 지닌다. 그

것은 매우 중요한 의식과도 같이 여겨지는 것이다. 음식을 함께 먹는 행위는 기존의 관계를 한 단계 격상하는 우정의 표시이다. 러시아인들은 음식을 함께 먹는 행위를 예로부터 '빵을 쪼개다'라고 표현해 왔다. 빵을 나눠 먹은 사이에서는 적대감이 생겨날 수 없다는 것이다. 빵이란 마치 과거 북미 인디언 부족의 '평화의 담뱃대(pipe of peace)'에 비견할 만한 것이다.

또한 잘 차려진 밥상은 상대방에 대한 존중을 의미한다. 1980년대 말에서 1990년대 초, 나라 전체가 물자 부족으로 어려웠던 시절이 있었다. 상점의 진열대도, 국민들의 주머니도 텅텅 비어 있던 시절이었지만 손님을 대접하느라 차려진 식탁만은 여전히 상다리가 부러질 정도였다. 이를 접한 외국인들은 경악을 금치 못했다. 쓸데없이 허세를 부린다고 생각했던 것이다. 사실상 다 먹지도 못할 음식을 그렇게 많이 차려 놓는 것이 미개함의 발현이라고 보는 이들도 있었고, 현실을 은폐하기 위함이라고 생각하는 이들도 있었다. 하지만 그렇게 진수성찬을 대접했던 이유는 의외로 간단했다. 당시만 하더라도 외국인이 극히 드물던 시절이었으므로 그저 '손님'을 존중한다는 마음을 보이고자 했던 것이다. 러시아인들에게는 식사 대접을 잘 하는 것이 최선의 손님 대접이고 따라서 집에 온 손님이 음식을 적게 먹기라도 하면 집주인들은 몹시 언짢아한다. 남겨서 버려야 하는 음식이 아까워서가 아니라 호의와 존중의 마음이 무시당했다는 생각 때문이다.

 러시아 사람들은 함께 무언가를 먹는 행위, 특히 술을 마시는 행위가 서로 다른 문화를 가진 낯선 사람들 사이에 조성되는 긴장감을 풀어 주고 어색함을 감추어 지속적인 관계를 맺을 수 있도록 해준다고 믿고 있다. 식탁을 사이에 두고 이루어지는 대화는 신뢰감 있고 허심탄회하기 때문에 사람 사이의 관계도 진실되고 솔직해진다는 것이다.

 따라서 러시아를 방문할 때에는 많은 양의 다양한 음식을, 그것도 예상치 못한 장소에서 대접받을 수 있음을 각오해 두는 것이 좋다. 물론, 단체 패키지여행을 떠나는 여행객들은 그런 걱정을 할

필요가 없다. 관광 프로그램의 경우, 러시아인들은 서구의 실용적인 방식을 훌륭하게 습득했기 때문이다. 즉, 가격은 비싸되 양이 지나치게 많지 않은 식사, 혹은 적절히 퓨전화된 러시아 음식이 나온다. 하지만 여기에도 러시아인들이 준비한 '깜짝 선물'이 숨어 있을 수 있다. 도시 외곽으로 나가는 경우, 러시아식 '블린'이나 깝까즈식 '샤쉴르익'이 식사로 나올 수 있다. 손님을 잘 먹여 보내려는 러시아인들의 마음은 타산적인 관광 산업에도 조금은 남아 있다.

  비즈니스 출장차 러시아를 방문하게 된다면 십중팔구 식사 초대를 받게 될 것이다. 레스토랑으로 가서 비즈니스 런치를 할 수도, 집으로 초대받을 수도 있다. 러시아인들에게 있어 손님을 잘 접대한다는 것은 음식을 잘 대접한다는 의미다. 한 미국인 대학생이 '할머니 댁에 가서 쿠키와 차를 마시며 얘기를 나눴어'라고 얘기하자 이를 들은 러시아의 젊은 여성이 깜짝 놀랐다는 얘기가 생각난다. 러시아의 할머니들을 떠올려 보면 충분히 그럴 만하다. 보통의 러시아 할머니들은 아무리 중요한 문제라도 손자 손녀를 배불리

먹이기 전까지는 절대로 얘기를 하는 법이 없기 때문이다. 러시아에서 집주인이 다해야 할 최고의 임무는 첫째도 음식 대접, 둘째도 음식 대접이다. 이것은 당신이 예기치 않게 그 집을 방문했을 때에도 해당된다. 이 경우, 만일 당신이 음식을 거절이라도 한다면 집주인은 상당히 언짢아할 것이다.

점심 초대

러시아에서 격식을 차리지 않는 편안한 사교 활동은 대부분 식사 자리에서 이루어진다.

역사적으로 살펴보아도 과거의 러시아 상인들은 주막이나 선술집 등에서 식사를 하면서 대규모 거래를 체결하곤 했다. 19세기 말경 어떤 모스끄바인은 당시 모스끄바에서 가장 유명했던 선술집 중 하나에 대해 이렇게 기록했다.

'부브노프 여관'은 상가 상인들의 생활에 지대한 역할을 했다. 이 주막은 일요일과 축일을 제외하고 매일 이른 아침부터 밤 늦게까지 상인들과 판매원, 구매자, 수공업자 등으로 붐볐다. 이곳에서는 차를 마시는 자리에서 곧바로 꽤 큰 거래가 이루어졌다.

음식과 관련한 문제는 아무리 사소하고 간단한 문제라도 수많은 문제와 문화적 갈등을 초래하는 경우가 잦다. 알다시피, 외국어와 그 나라의 전통, 행동 규범 등은 완벽하게 익힐 수는 있지만 다른 나라의 음식을 먹고 스스로 만족감을 느끼기란 매우 어려운 일이다. 흔한 예로, 한국의 개고기 요리, 중국의 거위 요리, 아프리카의 메뚜기 튀김, 프랑스의 개구리 요리만 봐도 알 수 있다.

러시아 내의 다양한 민족들은 정성스레 마련한 음식 대접을 거절 당했을 때 큰 모욕감을 느낀다. 따라서 음식이 나왔을 때 진지하고 책임감 있게 대처하도록 하라.

러시아 식탁 문화의 일반적인 전통은 무엇일까? 아직까지 스탠딩 파티는 그리 일반적이지는 않다. 유행에 민감한 일부 기업이나 조직들만이 스탠딩 파티를 적극 도입하려고 시도한다. 하지만 비즈니스 모임을 포함하여 러시아인들이 여전히 선호하는 것은 앉아서 음식을 즐기는 것이다. 긴장을 풀고 의자에 비스듬히 앉아서 마음껏 먹고 마시는 것 말이다. 러시아인들은 아침 식사를 하긴 해도 부담스러울 정도로 먹지는 않는다. 그러므로 비즈니스 조찬은 그리 일반적이지 않다. 따라서 점심 식사 시간을 활용해 접대하는 것이 일반적이다. 저녁 식사는 점심에 비한다면 소박할 정도로 적게 먹는다. 건강하게 살려면 '아침은 혼자서 잘 챙기고, 점심은 친구와 나누고, 저녁은 적에게 줘 버려라'는 말이 있을 정도이다.

러시아를 방문하는 외국인들에게는 '과식'이라는 위험이 도처에 도사리고 있다. 영어의 '런치(lunch)'라는 단어가 외래어로 러시아에서 널리 사용되는데 그 뜻은 가벼운 식사가 아닌, 푸짐한 러시아식 점심 식사인 경우가 더 많다. 저녁 식사는 앞서 말했듯 그리 성대하지 않으며 손님을 초대한 경우에는 술자리로 바뀌게 된다. 러시아에서는 하루 두 번의 식사(점심 식사와 저녁 식사), 그리고 그 사이에 수많은 간식을 대접받을 각오를 해야 할 것이다.

러시아식 식사의 특성

　　러시아에서 식사 초대를 받아 집을 방문하게 되어 가장 먼저 맞닥뜨리게 되는 모습은 집주인이 바로 내오거나 아니면 이미 식탁에 차려져 있는 '자꾸스까'이다. 이것은 러시아식 애피타이저로, 서구식과 달리 술이 제공되지 않는 것이 일반적이다. 자꾸스까에 맞닥뜨린 외국인들은 그 푸짐함과 다채로움에 깜짝 놀라곤 한다. 보통 다양한 종류의 샐러드, 치즈, 저민 고기, 청어를 비롯한 생선 요리, 캐비아, 각종 절임 (버섯, 오이, 토마토 및 기타 채소류), 생 채소, 뜨겁게 조리한 감자, 달지 않은 재료를 속으로 사용한 파이 등등이 자꾸스까로 나온다. 그런데 이것은 다만 본격적인 식사의 전주곡에 불과하다. 따라서 식사가 시작되는 시점에서 "굉장히 푸짐하군요! 혹시 뭔가 더 나오나요?" 등과 같은 조심스러운 질문을 통해 확실하게 확인을 해보는 것이 좋다. 이와 같은 질문에 집주인이 '그저 시작에 불과하다'는 대답을 한다면, 자꾸스까를 너무 많이 먹지 않도록 하라.

자꾸스까 다음으로는 수프가 제공된다. 최근 저녁 식사에는 수프를 먹지 않는 경우가 많지만 점심 식사의 경우 수프는 꼭 있어야 하는 메뉴이다. 대부분의 러시아인들은 '수프를 안 먹었다면 식사를 하지 않은 거나 매한가지'라고 생각할 정도이다. 수프는 완전히 별도의 음식으로 여겨져서 러시아에서는 특히 '첫 번째 (코스)'로 불린다.

러시아에서 '두 번째 (코스)'로 불리는 '뜨거운 음식'으로는 우리에게 익숙한 스테이크부터 닭고기(닭고기는 러시아에서 특히 사랑받는 음식으로 다른 어떤 육류에도 선호도가 뒤지지 않는다), 뻴메니(пельмени, pel'meni, 다진 고기를 밀가루 피 안에 넣어 만든 만두 비슷한 음식), 항아리 모양 용기에서 조리한 러시아 전통 고기 요리 등이 나온다.

모든 식사 코스가 끝난 뒤에는 반드시 홍차가 나온다. 러시아인들은 영국인들 못지 않게 홍차를 좋아한다. 케이크, 파이, 각종 당과류, 과일 잼류, 꿀 등의 디저트도 항상 홍차와 함께 제공된다.

러시아에는 유명한 우화가 하나 있다. 어느 날 데미얀이라는 사람이 우하(yxa, uhka, 러시아식 생선 수프)를 같이 먹자며 이웃을 초대했다. 하지만 초대받은 이웃은 음식이 목까지 찼다며 초대를 거절했다. 이에 데미얀은 자기가 만든 우하가 얼마나 맛있는지를 설명하며 끝내 함께 먹자고 종용했다. 결국 두 사람이 말다툼을 벌이고 만다. 이 우화를 빗대어 원하지 않는데도 계속 무언가 먹기를 강권하는 상황을 러시아에서는 '데미얀의 우하'라고 말한다. 만일 당신이 러시아인의 집에 초대를 받았다면 '데미얀의 우하'와 같은 상황을 단단히 각오해야 할 것이다.

러시아에서 이런 상황은 드물지 않다. 러시아에서는 배가 부르건, 체중 감량 중이건, 보통 그 시간에는 먹지 않는 습관이 있건 간에 그 어떠한 변명을 대더라도 권하는 음식을 거절하는 것은 큰 실례이다. 음식을 거절할 수 있는 유일한 이유는 건강 문제이다. 이럴 경우 당신을 이해 못할 이는 없을 것이다. 다만 러시아인들은 모두가 자칭 의학 전문가라는 사실을 명심하길 바란다. 건강 문제로 감히 음식을 거절했다가는 수많은 질문과 조언이 뒤이어 쏟아질 것을 각오해야 할 것이다. 참고로 말하자면, 러시아인들은 의학 관련 주제로 이야기를 나누는 것을 무척이나 좋아한다.

또한 당신이 채식주의자라면 힘든 상황을 감수해야 할 것이다. 러시아인들은 고기를 너무나 좋아해서 고기가 빠진 잔칫상은 상상도 하지 못한다. 채소란 그저 곁들이는 음식에 불과하다. 게다가 기후 조건과 경제적 상황으로 인해 겨울과 봄에는 채소나 과일이 굉장히 비싸고 종류도 그렇게 다양하지 않다. 혹독한 추위와 경제적 어려움으로 인해 러시아인들은 인체에 다량의 에너지를 비축하게 해주는 '고열량' 음식을 먹는 습관이 몸에 배어 있다. 따라서 러시아인들은 고기 먹기를 거부하는 사람을 '팔자 좋은 괴짜'로 보기 일쑤다.

건배!

술을 먹는 것도 또 다른 골칫거리다. 러시아 사람들이 술을 많이 마신다는 생각은 확고하게 자리 잡고 있다. 이것이 근거 없는 고정관념도 아니다. 혹독한 추위를 이기려고, 또는 화기애애한 분위기를 조성하려고, 아니면 역사적 전통 때문에 등등 이유야 어찌 되었든 러시아인들이 술을 마실 줄 알고 술 마시기를 좋아하는 것은 사실이다. 음식이 있으면 당연히 큰 술자리로 이어지기 마련이다. 단, 서구 문화에서는 하루 중 조금씩 나눠서 술을 마시는 반면, 러시아에서는 많은 양을 한꺼번에 마시곤 한다.

술은 예로부터 화기애애하고 돈독한 분위기를 만들고 기분을 푸는 가장 좋은 방법으로 여겨져 왔다. 일찍이 16세기에 독일의 한 외교관은 이런 기록을 남겼다. "그들(러시아인들)은 술 마시는 데는 그야말로 선수 중에 선수다. 다음 잔을 피하고 싶다면 취한 척하거나 술에 취해 곯아떨어진 척이라도 해야 한다…"

오늘날 러시아의 음주 문화에 관한 문제는 다음과 같은 우스갯소리에 반영되기도 한다.

"어제 러시아 사람들이랑 저녁 내내 술을 마셨는데, 죽을 뻔했어."

"오늘은 하루 종일 그 사람들이랑 해장술을 했는데, 차라리 어제 죽어 버릴 걸 그랬어."

러시아 사람들은 술을 많이, 그것도 잘 마신다. 만약 당신이 술을 마실 수 있는 상태라면 러시아인들과 함께 술을 마셔라. 만약 그렇지 않다면 마시는 척이라도 하길…… 하다못해 잔을 입술에 대고 홀짝대기라도 해야 할 것이다. 그렇지 않으면 러시아인들은 한번에 잔을 비우라고 요구하며 당신을 괴롭힐지도 모른다. 건강상의 이유라는 합당한 구실을 대더라도 술을 거부한다면 돈독하고 부드러운 분위기를 일시에 깨버릴 수 있다. 러시아인들은 술을 권할 때 으레 "날 무시하나?"라는 말을 꺼낸다. 이 상황에서 술을 거부한다면 이는 상대방을 무시한다는 뜻이 되는 것이다. 이와 같은 곤란한 상황(당신이 술을 마시지 못하거나 더 이상 마실 수 있는 상태가 아닌 경우)에서 가장 좋은 방법은 술을 마시는 시늉을 하거나, 이보다 더 좋은 방법은 술이 아닌 그 무엇이라도 들어 잔을 비우는 것이다. 이렇게 해야만 서로 신뢰를 쌓을 수 있는 분위기를 만들 수 있을 것이다.

러시아에서는 술을 마시기 전 건배 제의를 하는 것이 보통이다. 식사 중 건배 제의라는 형태로 참석자 전원에게 내려지는 '명령'을 받지 않고도 마실 수 있는 것은 주스와 물뿐이다. 온갖 미사여구로 장식한 가장 긴 건배 제의를 늘어놓는 사람들은 누가 뭐래도 러시아 남부지방 사림들, 특히 깝까즈 지역 사람들이다. 모스끄바 사람들의 건배 제의는 지극히 의례적이다. 식탁에서 건배 제의를 하는 경우, 우선 자리에서 일어나 건배 제의(전통적인 건배 제의인 '평화와 우정을 위하여', '음식을 마련한 집주인의 노고에 감사하며', '당신의 아름다운 도시를 위하여' 등을 외친다면, 당신은 러시아인들의 환심을 살 수 있을 것이다)를 한 후, 잔을 부딪치고 나서(잔은 반드시 부딪쳐야 한다. 러시아에서 잔을 부딪치지 않고 술을 마시는 유일한 경우는 고인을 기리는 자리에서뿐이다) 술을 마신다(불행인지 다행인지 잔을 끝까지 비우라는 요구를 하는 경우가 잦다).

술자리 대화는 진솔하게

러시아 사람의 초대로 집을 방문하는 동안 나눌 수 있는 대화의 주제는 무궁무진하다. 러시아인들은 가족에 대한 얘기를 나누는 것을 좋아한다. 가족은 언제나 가장 인기가 많은 주제다. 세상 돌아가는 얘기 또한 좋아한다. 이때에는 당신 고국에도 이런 저런 문제가 많으며 결국 사람 사는 모습은 어디나 비슷하다는 결론이 나면 좋다. 그 밖에 당신이 사는 곳, 직장, 모스끄바나 러시아에 대한 당신의 인상, 당신의 파트너 업체 등도 화제에 오른다. 요컨대, 러시아 사람들은 그들 자신이나 당신에 관해 허심탄회하게 얘기하는 것을 좋아한다. 질병이라든지 가족이나 삶의 우여곡절 등에 관한 사적인 대화가 불쑥 튀어나오기도 한다. 러시아에서 슬픔과 고뇌를 함께 나눈다는 것은 친구가 되었다는 것을 의미하기 때문이다. 얘기 도중 러시아에 대한 인상이 어떠냐는 질문을 받을 수도 있다. 이때 주의해야 할 점이 있다. 이 질문을 한 러시아인이 러시아에 대해 좋지 않은 방향으로 얘기를 한다 해도 당신은 지나치게 러시아를 비판하지 않는 것이 좋다. 물론 그 어떠한 상황에서라도 사업을 주제로 얘기를 할 만반의 준비를 하는 것도 잊지 않도록 하자. 당신의 러시아인 파트너가 당신과의 사업에 관심을 가지고 있다면, 그는 때와 장소, 상황에 상관없이 사업에 대한 논의를 할 것이다.

보드까를 한 잔 두 잔 기울이며 나누게 되는 허심탄회한 대화를 통해 당신은 상대방에 관한 새로운 정보를 얻을 수 있을 뿐 아니라, 러시아에서 성공적으로 사업을 수행하기 위해 매우 중요한 개인적인 관계를 형성할 수 있게 된다.

러시아인들은 형식적인 '사교성' 대화를 좋아하지 않는다. 공식적으로 접대가 이루어지는 동안 전혀 모르는 사람이 당신에게 시시콜콜한 개인적인 얘기를 다 털어놓는 상황도 생긴다. 이 경우 그 사람은 당신 역시 똑같은 수위의 얘기를 해주기를 기대하게 된다.

유럽인들이나 미국인들의 통상적인 형식적 만남은 많은 러시아인들에게 당혹감만을 불러일으킬 뿐이다. 매 순간 긴장하며 솔직한 대화도 나누지 못하는 것이 다 무슨 소용이냐고 생각하는 것이다.

러시아에서는 예고 없는 방문이 그리 드물지 않다. 미국에서는 시간과 약속을 미리 정하고 만나는 것이 보통이지만, 러시아인들은 즉흥적인 것을 좋아한다. 여러 사람이 함께 모여 기분이 좋아져서 누군가의 집에 가고 싶어지면 초대받지 않았다 해도 그냥 찾아가고 만다. 이 경우 '될 대로 되라'식으로 생각하는 것이 가장 좋다. 그저 당신의 러시아 파트너를 믿고 상식에 따르는 수밖에……(혹시 파트너가 술에 취했다면 따라 나서지 말고 남도록 하라.)

독특한 경험으로의 초대

　러시아인들은 업무상 이루어지는 식사와는 별개로 '문화 프로그램'이라는 행사를 조직하는 것을 좋아한다. 이 '문화 프로그램'에는 공연 관람이 포함된다. 특히 러시아 발레는 여전히 세계 최고이다. 러시아인들은 극장에 갈 때 한껏 치장을 하고 가는 것이 보통이다. 공연 관람 자체가 일종의 이벤트이기 때문이다. 서커스 관람 또한 외국인들에게 자주 선보이는 '문화 프로그램' 중 하나이다. 당신을 어린이로 여긴다고 생각지도, 그것 때문에 기분 나빠하지도 마라. 러시아 서커스 역시 세계 최고로 여겨지고 있으며 러시아인들은 이를 무척 자랑스럽게 생각하고 있을 뿐이다. 믿어 봐라. 눈이 휘둥그레 질 만한 공연일 테니…… 틀림없이 마음에 들 것이다. (게다가 당신 자녀에게 들려줄 이야깃거리도 생기지 않겠는가?)

 이 밖에도 러시아인들이 즐겨 찾는 곳, 아마도 당신은 상상조차 못하는 곳으로 가게 될 수도 있다. 이를테면 '바냐(러시아식 사우나)'가 그렇다. 하지만 바냐에 데려갔다고 해서 "당신 씻을 때가 된 것 같군요."와 같은 다른 뜻이 있는 것으로 받아들일 필요는 없다. 러시아인 파트너가 당신에게 최고의 만족감을 선사해 주고자 하는 바람일 뿐이다.

 …… 그들은 먼저 뜨거운 물에 몸을 담근 후 곧바로 눈에 뛰어든다. 그리고는 몸이 눈덩이가 될 때까지 눈에서 몸을 마구 굴린다……
 이 민족에게서 문명인다움이란 눈을 씻고 찾아봐도 없다.

 이것은 18세기 후반 미국의 한 청년이 쓴 최초의 러시아 여행기에 실린 글이다. 글쓴이는 후에 미국의 대통령이 된 존 퀸시 아담스로 러시아의 '바냐'를 이렇게 기록했다.
 한편 러시아에서는 당신을 교외로 초대하는 경우도 매우 많다.

특히 여름에는 더더욱 그렇다. 보통은 '다차(дача, dacha)', 명소 관광, 피크닉에 초대되는 경우가 많을 것이다. 러시아인들은 깝까즈 문화에서 '샤쉴르익(Шашлык, shashlyk)' 전통을 들여 왔다. '샤쉴르익'이란 고기나 생선, 닭 또는 채소 등을 불에 직접 구운 음식이다. 자연을 벗삼아 함께 교외로 나가는 것은 아마도 외국인 파트너들이 그 나라를 만끽할 수 있게 해주는 가장 좋은 방법 중 하나일 것이다.

쉴 새 없이 바쁘고 즐거움으로 가득 찬 모스끄바의 삶은 마치 마약과도 같다. 여기 재미있는 한 일화가 있다. 19세기 중반경 러시아에서 순회공연을 했던 이탈리아의 유명한 테너가 있었다. 그는 온갖 유혹을 이겨내지 못했고 모스끄바와 모스끄바의 여인들로 인해 파멸의 길로 들어서게 되었다. 공연 첫 시즌이 끝날 때쯤 되자 그는 러시아식 오이 절임과 햄을 안주 삼아 보드까를 아주 잘 마시게 되었고 차가운 샴페인은 아예 물 마시듯 들이붓게 되었다. 뜨로이까가 이끄는 썰매도 거뜬히 몰 수 있게 되었다. 게다가 '색'에도 빠져 러시아 여자들의 사랑을 한 몸에 받는 등 매우 행복한 나날을 보냈다. 그러나 그는 목소리를 잃게 되었고 결국 모스끄바의 오페라 무대에서 다시는 볼 수 없게 되었다. 이 이야기는 모스끄바에서의 유흥에 지나치게 빠져 있는 모든 이들에게 큰 교훈이 되고 있다.

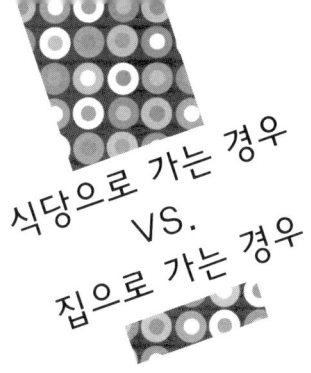

식당으로 가는 경우 VS. 집으로 가는 경우

최근 몇 년 동안 모스끄바에서는 '서구식' 레스토랑이 눈에 띄게 급증했다. 당신의 러시아 파트너는 체면을 차리기 위해 당신을 그런 레스토랑에 데리고 갈지도 모른다. 하지만 당신이 장소를 선택해야 하는 상황이라면 보다 러시아다운 분위기의 레스토랑에 가 볼 것을 권한다. 현재 러시아에서는 러시아식 전통 음식점 또한 적잖게 생겨났다. 러시아식 음식점이라고 해도 꽤 세련된 분위기일 것이다. 당신이 스스로 그런 곳을 찾기란 어려운 일이기 때문에 러시아 파트너가 알아서 당신을 데려간다면 더할 나위 없이 좋을 것이다.

러시아에서는 더치페이가 일반적이지는 않다. 대부분의 경우, 자리를 먼저 제안한 사람이 비용을 부담하게 된다. 따라서 특별히 다른 조건을 달지 않은 경우, 레스토랑에 초대를 하는 자체가 비용도 부담하겠다는 것을 의미한다는 사실을 염두에 두어야 한다. 러시아인들은 예전부터 레스토랑에 가는 것 자체를 하나의 특별한 이벤트로 여겨 왔다. 일종의 사교적 행사였던 것이다. 이것은 각자가 자기의 몫을 따로 부담하는 것이 일반적인 카페테리아나 구내식당에서 식사를 하는 것과는 전혀 다른 일이다.

남성들과 동행한 커리어 우먼이 식사 비용을 부담하는 경우는 거의 없다. 심지어 그 여성의 제안으로 자리가 만들어진 경우에도 남성들은, 특히 연배가 높은 남성들은 여성이 돈을 내도록 놔두지 않을 것이다. 그럼에도 불구하고 여성이 비용을 부담하겠다고 고집한다면 개인적으로 매우 언짢아할 수도 있다. 당신이 여성으로 그런 상황에 처했고 반드시 식사비를 내야만 한다면 당신 개인이 아닌 회사 측 부담이라고 말해 보라. 물론 그래도 모든 러시아인들이 납득하지는 못할 것이다. 하지만 여성이나 젊은 세대가 주를 이루는 회사에 있다면 상황은 달라질 수 있다.

사업 파트너를 집으로 초대하는 것도 일반적이다. 이럴 경우 상다리가 부러질 정도로 많은 음식과 음료가 이미 식탁에 차려져 있을 것을 미리 각오해 둬야 할 것이다. 그저 평범한 상차림에도 15가지 이상의 자꾸스까가 올라온다. 그렇다고 해서 이것이 집주인 자신의 부유함을 자랑한다거나, 손님에 대해 과도한 친절을 베푼다거나, 극도로 배가 고픈 상태라는 뜻은 결코 아니다. 단지 러시아인들이 손님을 맞는 방식일 뿐이다. 1991~1992년에 걸쳐 러시아어를 배우고 러시아의 정치적 상황을 파악하기 위해 외국인 학생들이 러시아로 쏟아져 들어오기 시작했다. 이렇게 온 학생들은 보통 홈스테이 형식으로 러시아에 머물렀다. 1990년대 초반은 러시아인들에게 있어 돈 없고 배고픈 시절이었다. 그렇기 때문에 당시 러시아에 있던 외국인들은 아침에 커피 한 잔을 부탁했을 뿐인데 어떻게 매일 진수성찬을 차려내는지 도저히 이해할 수가 없었다. 반면 식사가 모두 끝나야 커피를 낼 수 있다고 생각하는 러시아인들은 외국인들이 성의를 무시하고 까다롭게 군다고 기분 상해 하곤 했다.

  그러니 식탁 위에 놓인 여러 음식을 한입씩이라도 먹어보길 바란다. 설사 음식이 썩 마음에 들지 않더라도 하나하나 칭찬을 해주어라.

한편 집에 초대를 받았을 때에는 선물을 준비하는 것이 일반적이다. 사실 선물 자체보다는 마음이 더 중요하다. 다시 말해 아무리 사소한 것이라도 선물이 될 수 있다. 좋은 차, 특이한 사탕이나 초콜릿, 달력, 타월, 술 등은 항상 환영받는 아이템이다. 술을 선물할 경우에는 조심해야 한다. 현재 러시아에는 가짜 술이 너무 많기 때문에 길거리 노점이나 지나치게 작은 상점에서는 특히 조심해야 할 필요가 있다.

집주인과 격의 없이 지내는 사이라면 찻주전자나 머그잔 등과 같이 집에서 유용하게 쓰일 만한 선물을 할 수도 있다.

그 집에 아이가 있는 경우에는 조그마한 것이라도 아이를 위한 선물을 따로 준비하는 것도 잊지 말자. 사탕 하나라도 아이를 위해 무언가를 준비하는 것이 어른을 위한 선물보다 더 중요하게 여겨진다.

아무것도 준비를 못했을 경우, 그 상황을 타개해 주는 백전백승의 묘안은 바로 안주인에게 꽃을 선물하는 것이다. 러시아에서는 다른 사람의 집을 방문할 때 특별한 이유 없이도 여성들에게 꽃을 선사하는 것이 지극히 자연스럽다. 단, 꽃은 반드시 홀수로 맞춰야 한다. 짝수는 장례식에만 가져간다.

말이 나온 김에 러시아인들이 믿는 몇 가지 징크스에 대해서도 얘기해 보도록 하겠다. 러시아인들은 교육을 받은 사람이건, 젊은 이이건, 사업가이건 간에 미신을 믿는다. 즉, 될 수 있으면 지키려고 하는 몇 가지 규칙이 있다. 이를테면, 다른 사람 집에 초대되었을 때 지켜야 하는 몇 가지 중요한 것이 있다. 즉, 첫인사를 할 때나 작별을 할 때에는 문지방을 사이에 두고 인사를 나누지 않는다. 그렇게 하면 서로 말다툼을 하게 된다고 믿기 때문이다. 또한 식탁에는 13명이 앉아서는 안 된다. 그럴 경우에는 누군가가 죽게 될 것이라고 생각한다. 집 안에서 휘파람을 불면 돈이 안 생긴다고 믿는다. 식탁에 흘린 소금은 왼쪽 어깨 너머로 던지고 '퉤! 퉤! 퉤!'하고 세 번 침을 뱉는 시늉을 한다. 그렇게 하지 않으면 큰 말썽에 휘 밀린다고 생각한다. 그 밖에도 이와 비슷한 금기 사항들이 너무도 많다. 따라서 러시아인 친구들이 당신이 보기에 이상한 행동을 해도 너무 놀라지 않길 바란다.

만약 접대나 환영 만찬이 아닌 점심 식사로 집에 초대를 받았다면 부엌에서 대접을 받을 수도 있다. 그렇다고 해서 언짢게 생각할 필요가 없다. 이것은 당신을 무시하는 것이 아니라, 오히려 당신에게 보내는 찬사임을 명심해야 한다. 러시아인들은 가장 가깝다고 생각하는 사람들만 부엌에 들인다. 많은 러시아 가정에서 부엌을 가장 편안한 공간이자 가장 좋아하는 공간으로 여기기 때문이다.

  집에 초대를 받는 경우 대부분의 시간을 식탁에서 보내게 된다. 자꾸스까에 이어 수프가 나오고, 그 뒤를 이어 메인 요리에 당과류를 곁들인 차가 꼬리에 꼬리를 물고 나오게 된다. 이 과정에서 각 코스마다 다양한 음료가 함께 나오게 되는데, 보통 남성들에게는 보드까를, 여성들에게는 와인을 대접한다. 홍차에 꼬냑을 타 먹기도 한다. 러시아인들이 식탁에서 가장 즐겨 하는 것은 무엇보다도 담소를 나누는 것이다. 이와 함께 서로 우스갯소리를 해주는 것도 좋아한다. 또한 비공식적인 성격의 모임에서는 노래를 부르는 경우도 흔하다. 이 모든 것들이 식탁을 벗어나지 않은 공간에서 이루어지는 것이다. 참석자가 모두 식탁에서 일어나야 바로 이것이 모임이 끝났다는 신호가 된다.

  당신은 이와 같은 환대에 대한 보답을 (모스끄바에서) 곧바로 할 필요는 없다. 다르게 말하자면 러시아인들은 그러한 즉각적인 보답을 바라지도 않는다. 러시아 파트너에게 있어 당신은 그들 나라를 방문한 손님이기 때문이다. 따라서 당신을 초대해서 즐겁게 해주는 것은 응당 자기의 몫이라고 생각하고 있는 것이다. 이후에 그

러시아 파트너가 당신 나라를 방문하게 된다면 전혀 다른 얘기가 된다. 아마도 그들은 러시아에서 당신을 환대했던 것과 같이 자신을 환대해 주리라 기대해 마지 않을 것이다.

 만약 당신이 어떻게든 바로 보답을 하고 싶은 마음이 굴뚝같이 일어난다면, 그들을 레스토랑에 초대할 수 있다. 하지만 레스토랑을 선택할 때는 신중을 기해야 할 것이다. 모스끄바에서는 레스토랑이 사회적으로 차별화되어 있으며, 레스토랑 그 자체가 초청자의 지위를 말해 주기 때문이다. 현지에 살고 있는 지인이라든지 여러분의 파트너, 하다못해 당신이 묵고 있는 호텔 직원에게서라도 조언을 구하는 것이 낫다. 단, 러시아인들은 형식적인 대접을 좋아하지 않는다는 것을 명심해야 한다. 형식적인 대접으로 나쁜 인상을 주기보다는 차라리 '언제 한번 제가 모시지요……'와 같은 불분명한 대답으로 흐지부지 넘어가는 것이 오히려 나을 수도 있다.

 사무실 밖이나 만찬 또는 대접 등에서 이루어지는 만남은 러시아 비즈니스에서 매우 중요한 역할을 하는 요소이다. 비공식적인 자리에서 당신이 어떻게 행동하느냐에 따라 러시아 파트너와의 관계 지속 여부가 좌우된다. 중요한 문제가 항상 사무실에서만 해결되는 것이 아니라, 화기애애한 비공식적인 자리에서 해결되는 경우가 더 잦다는 것을 명심해야 할 것이다. 따라서 그와 같은 자리에 진지하게 임하고, 마음에 들지 않더라도 인내심을 발휘해야 할 것이다. 그와 같은 자리를 진심으로 즐기려고 노력해 본다면 더 좋은 결과를 얻을 수 있을 것이다. 어차피 그렇게 어려운 일은 아니지 않는가!

맺음말

러시아가 궁금한 당신을 위한 조언

무엇보다 지레짐작하여 겁을 먹지 말아야 한다. 러시아의 문화, 풍습, 민족성 등을 미리 파악하라. 사업 파트너가 어떤 사람인지 알고 존중하는 마음을 가질 필요가 있다. 당신만의 규칙을 억지로 강요하거나 지나치게 공격적인 태도는 피하는 것이 좋다. 러시아인들은 본래 매우 호의적이지만 최근에는 여러 상황 때문에 쉽게 상처를 받기 때문이다.

그들과 친밀한 관계를 유지하려고 노력하는 자세야말로 러시아에서 살아남는 가장 좋은 방법임을 기억해 두자.

당신만의 잣대로 모든 것을 가늠하는 자세는 매우 위험하다. 입장을 바꿔 생각해 보는 것은 어떨까? 당신의 행동 또한 그들을 당혹스럽게 할 수 있으며 그들의 입장에서 보면 이상하게 받아들여질 수 있다는 점을 잊지 말도록 하자. 따라서 당신이 생각하기에 이상하거나 당혹스러운 모습을 보인다 하더라도 어느 정도 참고 넘길 수 있는 아량이 필요하다.

러시아인에 대한 선입견을 없애는 것 역시 매우 중요하다. 그렇다고 해서 아예 경계를 풀라는 것은 아니다. 러시아의 사업 환경은 여전히 불안정하기 때문이다.

다만 러시아 사람들도 당신과 똑같은 '사람'이기 때문에 상식 선에서 해결할 수 있는 문제도 많다는 점도 잊지 말도록 하자. 따라서 상식에 기초한 당신의 직관을 믿고 당신이 그동안 사업을 하거나 살면서 축적해온 경험에 의지하면 좋은 성과를 얻을 수 있을 것이다.

그렇다고 해서 이해가 안 가거나 의심이 가는 것을 그냥 넘겨서도 안 된다. 궁금한 것이 있으면 물어보고 의심을 확실하게 풀어두는 것이 좋다. 특히 러시아인들은 대부분 당신이 외국인이라는 것을 이해할 것이며, 오히려 당신에게 외국인다운 모습을 기대할 것이다. 따라서 당신이 외국인으로서 우왕좌왕하고 낯설어하는 모습을 보여 주는 일을 겁내지 말아야 한다.

  또한 사업 이외의 일상생활에서 부딪히는 문제에 너무 연연해할 필요가 없다. 러시아에서는 '외국인'인 당신뿐만 아니라, 자국민인 '러시아인들'도 그와 같은 문제에 직면해 있기 때문이다. 그리고 일상생활에서 부딪히는 소소한 문제는 당신의 사업에 치명타를 입힐 수 있는 성격의 것도 아니다. 어딜 가나, 누구에게나 그런 골칫거리 하나쯤은 다 있다.

  끝으로 러시아와 러시아 문화, 전통, 러시아 사람 등 그 자체를 즐기도록 해보자. 러시아 사람들이라고 해서 크게 다를 것이 있겠는가?

옮긴이의 말

이 책은 오랜 시도의 첫 결과물이다. 이 책의 목표는 명확하다. 비즈니스맨들이 러시아라는 나라를 신속하게 파악하도록 하는 것이다. 이를 위해 짤막짤막하게 끊어지는 구성을 택했지만 내용은 퍽 다채롭다. 한국외대 통번역대학원 한노과 동문으로 오랫동안 러시아와 러시아인을 경험해온 역자들이 충분히 공감할 수 있는 책이었다.

러시아는 오늘날 우리에게 어떤 나라일까. 한동안 세계를 호령하던 강대국으로 한국전쟁과 한반도 분단에 중요한 역할을 했던 나라, 하지만 이제는 몰락하여 별 관심이나 매력을 끌지 못하는 나라 정도인 것일까.

러시아는 소련 붕괴 이후 아직까지도 변화를 거듭하는 중이다. 우리와 러시아의 관계, 우리가 갖는 러시아의 이미지 또한 계속 바꾸고 있다. 결국 어느 방향으로 가게 될 것인지는 알 수 없으나 한반도 주변 강국으로서 결코 무시할 수 없는 존재임은 분명하다. 러시아에 호기심을 가진 독자들에게 이 책이 의미 있는 한 걸음이 되기를 바란다.

역자들이 모여 함께 뜻을 모으기까지 한국외대 노어과 72학번 안길환 선배님이 결정적인 역할을 해주셨다. 선배님의 러시아 사랑, 후배 사랑에 비하면 더없이 하잘 것 없는 이 책으로 그 뜻을 기리고자 한다.

방교영, 이상원, 이경아, 김경준

■ 옮긴이

방교영
한국외대 노어과와 통번역대학원에서 러시아어와 통역 번역을 공부하고 문학에 심취했었다. 지금은 한국외대 통번역대학원에서 통역과 번역을 가르치고 있다.

이상원
서울대 노문과와 한국외대 통번역대학원에서 수학하였다. 서울대 기초교육원에서 글쓰기 강의 교수로 일하며 번역가로 활동하고 있다. 뚜르게네프의 『아버지와 아들』을 비롯해 70여 권의 번역서를 출간하였다.

이경아
한국외대 노어과와 통번역대학원에서 수학하였다. 한국외대 통번역대학원에서 강의하며 번역가로 활동하고 있다. 리즈 호가드의 『행복』을 비롯해 60여 권의 번역서를 냈다.

김경준
성균관대 노문과와 한국외대 통번역대학원에서 수학하였다. 러시아어 통번역사로 일하며 중앙대 통번역대학원에서 강의하였다. 현재 우즈베끼스딴의 정부 기관에서 인하우스 통번역사로 활동하고 있다.

러시아 비즈니스, 이것만은 알고 가자!

알쏭달쏭 러시아인

ⓒ 안나 빠블롭스까야
ⓒ 방교영, 이상원, 이경아, 김경준

초판 인쇄 2013년 11월 12일
초판 발행 2013년 11월 19일

지은이 안나 빠블롭스까야
옮긴이 방교영, 이상원, 이경아, 김경준
펴낸이 김선명

펴낸곳 뿌쉬낀하우스
책임편집 이은희
편집 김영실, 김성원
디자인 박은비
주소 서울시 중구 동호로 15길 8, 리오베빌딩 3층
전화 02)2237-9387
팩스 02)2238-9388
이메일 pushkinbook@naver.com
홈페이지 www.pushkinhouse.co.kr
출판등록 2004년 3월 1일 제 2004-0004호

ISBN 978-89-92272-50-6 03300

Published by Pushkinhouse. Printed in Korea
Copyright ⓒ 2013 Pushkinhouse
사진 ⓒ 이경아, 김경준
저작권법에 의해 보호를 받는 저작물이므로 무단 전재와 무단 복제를 금합니다.

*잘못된 책은 바꿔드립니다.